자본주의의 심장,
뉴욕과 벵갈루루를 거닐다

목차

chapter . 1 왜 뉴욕인가?

chapter . 4   어떻게 벵갈루루에 진출할 것인가? 천국과 지옥이 공존하는 인도

———

머릿말

세상은 미국을 중심으로 돌아간다. 습관도 모든 일도 트리거(방아쇠)가 되는 핵심이 있다. 미국이라는 나라의 핵심은 바로 뉴욕이다. 미국을 제대로 알려면 뉴욕을 겉모습만이 아닌 제대로 이해해야 한다.

세계 최고의 도시 뉴욕

뉴욕은 환상 상품이다. 전 세계 사람들에게 가장 가고 싶은 여행지를 꼽으라면 단연 1위는 뉴욕이다. 흔히 뉴욕을 설명할 때 "자본주의의 메카는 미국이고, 미국 내에서도 최고의 자본주의 도시는 뉴욕이다. 이것은 뉴욕의 경제력 규모만 봐도 알 수 있다. 한 도시의 경제력을 평가하는 GMP만 보더라도 뉴욕은 2022년도 약 2조 1,000억 달러이다. 한국 돈으로 환산하면 약 2,800조다. 이것은 한 나라, 즉 선진국인 캐나다 전체 규모와 맞먹는다. 현실적으로 봐도 쿠팡이 망하지 않는 이유는 단 한 가지다. 뉴욕 증시에서 자금을 조달했기 때문이다. 뉴욕은 자본주의의 심장인 금융합의 총본산이고 모든 트렌드를 생산해 낸다. 이러한 실질적인 가치 외에도 인종의 용광로라고 불리는 일명 멜팅팟, 다양성의 상징과 같은 도시다. 이런 당위성과 더불어 컬처의 메카이자 미국 역사의 도시이기도 하다." 이렇게 설명을 한다. 그러나 이성적 관점에서 뉴욕을 설명하는 말이고 감성적 혹은 감정적으로 뉴욕은 환상 상품이다. 샤넬 백을 가지고 내구성, 가성비를 운운하지 않는 것처럼 뉴욕의 물가를 보고 뭐라고 하지 않는다.

뉴욕을 한마디로 정의하면 "경제학 법칙의 사각지대에 자리 잡은 최고의 환상 상품"이다. 뉴욕이 이러한 환상 상품이 된 이유는 모방할 수 없는 미국에서의 역사성과 스토리텔링이다. 이 역사성과 스토리텔링은 뉴욕에 의미를 부여한다. 의미는 실질적으로 모방하기 어렵기 때문에 유일무이한 시장적 가치를 지닌다. 한마디로 다른 도시가 줄 수 없는 값어치를 주기 때문에 뉴욕은 그 자체로 값어치를 지닌다. 그 결과 현재 뉴욕은 환상 상품으로서 전 세계 어느 도시도 누릴 수 없는 지위를 갖게 되었다. 이 환상 상품인 뉴욕을 컬처와 비즈니스의 관점에서 분석하고 이해하고 응용한다면 현대 자본주의 메커니즘에 합류할 수 있다.

전 세계는 연결되어 있다

미국과 경쟁하는 중국, 미국의 IT 인력을 공급하는 인도, 중국을 대신하여 생산 기지로 바뀐 베트남을 비롯한 동남아, 미국 중심의 경제에 실무적 역할을 하는 일본과 한국의 모든 중심에 바로 뉴욕이 있다. 다시 한번 강조하지만, 유일무이한 가치가 있는 의미가 있는 상품은 비싸게 팔린다. 따라서 자본주의를 이해한다는 것은 바로 뉴욕을 이해하는 것이다. 그러나 뉴욕에 관계된 대부분 책이 관광 명소 소개나 그에 대한 느낌만으로 멈추어져 있다.

이런 흥미를 유발하는 감상적인 접근도 필요하지만, 실질적인 뉴욕을 이해하려면 뉴욕을 일군 대표적인 사람들을 살펴봐야 한다. 또한 그들의 치열한 삶을 분석하고 배울 점들을 추출하면 청소년들에게 삶의 지표까지 만들어 줄 수 있다.

세상은 미국을 중심으로 돌아가고 그 미국의 중심에 뉴욕이 있고 이 뉴욕을 이해하고 공부함으로써 앞으로 아이들을 어떻게 교육하고 키울 것인지 그리고 우리 애들은 무엇을 배워야 할지 제대로 알 수 있다. 그래서 13명의 인물도 꼭 알아야 할 사람들로 골랐다. 뉴욕 퀸즈에서 태어난 뉴욕 토박이 트럼프를 비롯하여 그랜드 센트럴파크역을 기부한 밴더빌트, 록펠러 센터를 비롯한 뉴욕 상수도까지 기부한 록펠러, 카네기 홀의 카네기 그리고 뉴욕을 금융 중심지로 만든 J.P 모건, 미 45대와 47대 징검다리 대통령인 트럼프를 만든 뉴스 메이커 일론 머스크까지 그들 삶의 발자취와 성공 요인을 분석하고 배움으로써 뉴욕과 더불어 자본주의를 제대로 이해할 수 있다. 여기에 뉴욕 현대 미술을 대표하는 앤디 워홀, 잭슨 폴록, 바스키아, 쿠사마 야요이, 카우스 등 컬처의 대표적인 인물까지. 또한 이해를 돕고자 뉴욕이 세계의 수도가 된 이유까지 일목요연하게 정리해서 편하게 뉴욕을 이해할 수 있다. 이렇게 중요한 뉴욕을 뒷받침하는 것은 인도의 벵갈루루다. 미국 IT 사업을 뒷받침하는 쌍기둥이 샌프란시스코와 뉴욕이다. 실리콘밸리라고 불리는 샌프란시스코와 실리콘 엘리라고 불리는 뉴욕. 구글을 예로 들어도 샌프란시스코에 본사가 있지만 뉴욕에도 새로운 본사를 만들었을 정도로 미국 동부 IT의 총본산이 바로 뉴욕이고 미국 서부의 IT 총본산이 바로 샌프란시스코이다. 이 두 도시를 뒷받침하는 것은 인구 1,600만 명의 인도 남부 벵갈루루다. 특히 우리 청소년들이나 한국인들이 실질적으로 뉴욕 가서 돈을 벌기는 무척 힘들다. 가장 현실적이고 전략적인 것은 뉴욕에서 배워서 인구 1,600만의 도시 벵갈루루에 진출하여 돈을 버는 것이다.

네이버나 구글에 벵갈루루의 인구를 검색하면 2011년 기준 850만 명이 나온다. 그러나 2025년 현재 기준 벵갈루루의 인구는 약 1600~ 1,700만 명이다. 약 800만 명의 인구가 증가한 것이다. 통계상으로 인도 제3의 도시이지만 단일 지역으로는 인구가 가장 많다. 가장 인구가 많다는 뭄바이는 인근 도시까지 합쳐서 2,500만이고 제주도 인근 도시까지 합쳐서 2,000만을 넘지만, 실질적으로 벵갈루루는 단 1개의 도시로 1,600만 명의 인구가 넘는다. 여기서 250km 떨어져 있는 인도의 제4의 도시라 불리는 첸나이의 인구 1,000만 명 정도를 합치면 이 자체만으로도 약 2,500만에서 2,700만 명의 인구를 상회한다. 비행기로는 한 시간 걸리고 차로는 5시간에서 6시간 걸리지만 만약 도로 인프라가 확충된다면 2시간 반이면 두 도시를 연결할 수 있다. 그렇게 되면 벵갈루루와 첸나이 사이에 위성도시가 숱하게 생겨나고 이 두 도시를 포함하여 5,000만 명의 거대한 경제 클러스터가 완성된다. 어마어마한 시너지가 나게 되는데 IT의 총본산인 벵갈루루와 제조업이 총본산인 첸나이가 서로 연결되어 어마어마한 경제적 파급력을 갖게 된다.

모든 비즈니스의 기본은 시간과 장소 즉 타이밍과 경제 허브다. 2027년 제3의 시장이 바로 인도다. 최근 3년간 가장 경제성장률이 높은 나라는 인도이고 중국 미국 그다음으로 큰 시장이 바로 2027년 이후의 인도다. 그리고 전 세계 10대 기업의 7개는 IT 기업이다. 미국의 애플(Apple), 마이크로소프트(Microsoft), 엔비디아(NVIDIA), 구글(Google)과 중국의 아마존(Amazon), 알리바바(Alibaba), 텐센트(Tencent)를 비롯하여 셀 수 없는 IT 기업들의 세계가 펼쳐지고 있다. 시장과 사업 분야 두 영역의 공통점을 찾으면 그곳이 바로 인도의 벵갈루루다. 타이밍과 시장이 맞아떨어져도 어떻게 접근할지가 중요하다, 즉 전 세계가 돌아가는 경제 비즈니스 게임의 법칙을 먼저 이해해야 한다. 그리고 그 안에서 나는 무엇을 팔 것인가? 아이템 선정을 해야 한다. 내가 남보다 훨씬 뛰어난 것을 갖고서 진출해야 시행착오를 덜 겪을 수 있다. 이때 반드시 명분이 있어야 한다. 사회에 공헌하고 남들에게도 도움을 줄 수 있다는 대의명분이 반드시 만들어져야 한다. 이렇게 남들에게 보여주는 대의명분도 중요하지만, 실질적인 비즈니스를 할 수 있는 상업성 추구가 뒤따라야 한다. 그렇지 않으면 빛 좋은 개살구가 되고 한마디로 헛된 노력밖에 되지 않는다. 마지막으로는 협업을 통한 시너지를 내야 되고 이 모든 것을 시스템화시켜야 한다. 어떻게 접근할 것인가에 대한 대답으로 뉴욕을 만든 사람들과 뉴욕에 의미를 부여한 아티스트들의 전략들을 따라서 할 필요가 있다.

성공의 공식을 정리한 도서 『성공의 공식 포뮬러(The Formula)』(알버트 라슬로 바라바시 저)에 의하면 100m 달리기처럼 명확히 측정할 수 있는 것일 경우는 능력에 따라 성공이 결정되지만 그렇지 않을 경우에는 연결망에 따라서 성공이 결정된다고 나와 있다. 따라서 우리의 비즈니스는 측정이 불가한 경우 경우가 대부분이라 성공 여부는 바로 연결망에 달려 있다. 뉴욕을 비롯한 IT 도시들과의 연결망, 그리고 그 안에 허브가 되는 사람과의 연결망 등 철저하게 거미줄처럼 연결되어야 한다.

뉴욕에서는 인도 벵갈루루에 진출하기 위한 전략을 배우고 벵갈루루에서는 현지화 전략을 통해서 뉴욕에서 배운 것들을 실질적인 돈벌이에 응용해야 한다. 그래서 이 책은 다음과 같이 5부로 구성되어 있다.

1부. 왜 뉴욕인가?
2부. 뉴욕을 만든 사람들로부터 배워야 할 점
3부. 뉴욕에 의미를 부여한 아티스트로부터 배울 점
4부. 어떻게 벵갈루루에 진출할 것인가? 천국과 지옥이 공존하는 인도
5부. 벵갈루루 클러스터가 왜 우리들의 미래인가?

chapter . 1

_____

왜 뉴욕인가?

축복받은 도시 뉴욕

뉴욕이 대체 어떻게 경제 대국들을 압살할 정도의 막강한 도시로 성장할 수 있었는지에 대해서 아주 쉽고 간단하게 알아보자. 사실 오늘날 존재하는 뉴욕시는 1783년 미국이 영국으로부터 독립한 직후부터 시작되었는데 독립 이전에는 네덜란드와 영국이 번갈아 가면서 이 지역을 점유하고 있었다. 이때 중요한 것은 처음 뉴욕을 만든 것은 네덜란드인이라는 점이다.

네덜란드인들은 허례허식을 배격하고 실용적인 비즈니스 마인드가 중심이다. 따라서 뉴욕은 처음부터 비즈니스 도시였던 셈이다. 네덜란드와 영국을 거치면서 이 뉴욕은 이미 다른 지역에 비해서 도시로서 잘 자리 잡고 있었는데 그것은 지리적 영향이 크다. 영국이 미국 내 식민지 중에서 가장 애착을 갖고 있었는데 심지어 미국의 독립전쟁 당시 영국군의 중앙기지 역할도 했었기 때문에 영국이 전쟁에서 완전히 철수할 때 마지막까지 필사적으로 지켰던 지역이기도 하다. 이 땅도 네덜란드인들로부터 강제로 빼앗은 건데.

그렇다면 왜 네덜란드와 영국은 그 넓은 미국 땅들을 다 놔두고 굳이 뉴욕 지역을 점령하고 필사적으로 지켰던 걸까? 그 이유는 바로 국제 무역의 특화된 지리적 특성 때문이다. 이 점에 대해서는 영국이 홍콩에 집착한 이유와 같다. 홍콩은 바위로 이루어져 해안가가 절벽에 가깝다. 따라서 해안의 수심이 깊을 수밖에 없는데 커다란 무역선이 배를 대기 편하기 때문에 100년 동안이나 차지하고 있었던 것처럼 미국에 있어서 뉴욕은 특히 항구에 최적화되어 있다.

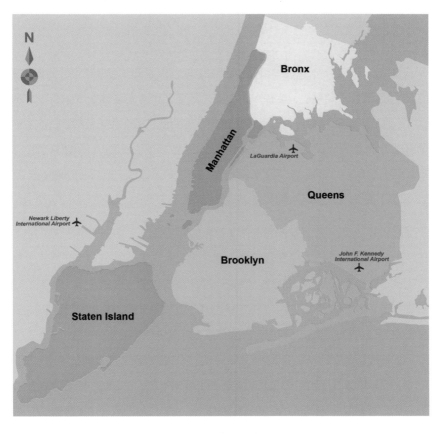

PerryPlanet의 New York City District Map(뉴욕시 구역 지도)

위의 지도를 보면 뉴욕항은 북미 대륙의 동부 해안에 위치했다. 따라서 영국과 최단 거리 항로에 있는 항구이자 유럽과의 무역에 있어 매우 유리한 위치를 차지하고 있다. 멀리 다른 대륙을 돌아가지 않아도 곧바로 당시의 선진국인 유럽 대륙으로 갈 수 있기 때문이다. 게다가 이 뉴욕항을 조금 더 가까이 살펴보면 뉴욕항은 롱 아일랜드와 뉴저지 해안 사이에 자리 잡고 있다. 항구가 땅에 둘러싸인 모습을 볼 수 있는데 그러다 보니 뉴욕항은 대서양의 직접적인 파도와 바람으로부터 자연적으로 보호받을 수 있다. 한마디로 뉴욕항을 둘러싼 모든 지리적 환경이 교역에 가장 유리한 조건을 만들어 주고 있던 것이다.

현재 뉴욕은 항구를 통한 무역업 말고도 다른 많은 산업이 발전해 있는 상태인데 그럼에도 불구하고 아직도 뉴욕항은 미국 내에서 가장 많은 화물을 처리하는 항구 중하나로 그 역할을 하고 있다. 이렇게 뉴욕의 항구와 물류가 발달하는 데에는 미국의 강과 호수 또한 큰 역할을 했다. 미국에는 "미국의 강이 지금의 경제를 만들고 미국을 만들었다."라는 말이 있을 정도로 강은 미국에 있어 중요한 요소다. 특히 미국의 남과 북을 관통하며 이어지는 미시시피강은 미국의 생명줄이다. 그도 그럴 만한 게 미시시피강 주변 지역의 경우 이 강물을 활용하여 농업이 발달할 수 있었고, 그렇게 생산한 농작물들을, 강을 통해 미국 전역 그리고 전 세계로 운반할 수 있었다. 심지어 배를 통해 운반하는 해상 운송의 경우 철도를 통해 육지로 운반하는 것보다 운송 비용이 훨씬 저렴하다. 발표한 연구에 따르면 경우에 따라 다르지만, 캘리포니아 롱비치에서 테네시주 매피스까지 물건을 옮겼다고 가정했을 때 강과 바다를 따라 배를 통해 운반하는 것이 기차를 통해 운반하는 것보다 컨테이너당 무려 2,000달러가 더 저렴하다. 그러다 보니 이러한 미국의 강 경제는 미국 경제 발전의 근간이 되었다고 평가받고 있다. 그런데 지도를 보면 사실 뉴욕에도 허드슨강이 존재하지만, 이 허드슨강이 미국의 생명 줄인 미시시피광과는 직접적으로 연결되어 있지는 않아 보인다. 그러면 뉴욕은 이러한 강 경제

혜택을 전혀 못 본 걸까? 물론 그렇지 않다. 뉴욕은 미시시피강 인근 지역은 아닐지라도 허드슨강 상류 지역인 올버니에서 시작해 버펄로까지 이어지며 허드슨강과 이리호수를 연결하는 이리 운하가 존재한다.

이리운하는 뉴욕주에 위치해있으며, 오대호와 대서양 사이의 배편을 가능하게 만들었다.

미시시피강을 비롯한 미국의 주요 강을 나타낸 그림이다.

이리호수는 오대호로 연결되어 시카고를 비롯한 내륙지방 궁극에는 미시시피강과 연결되어서 결국은 뉴욕에서 출발한 물건들은 오대호 및 미시시피강이라는 대동맥을 타고 전국으로 쭉쭉 배달될 수 있다. 이로 인해 뉴욕시는 대서양에서부터 미국 내륙까지 이어지는 물길을 통제하고 있어 상업 및 교통의 핵심 지역으로 발전할 수 있었다. 이러한 점이 현재 뉴욕시를 만들었다고 평가받고 있다. 그런데 이제까지 살펴본 지형적인 이유 말고 사실 뉴욕을 얘기할 때 빼놓고 얘기할 수 없는 분야가 하나 있다. 바로 지금의 뉴욕을 대변하고 있는 금융이다. 뉴욕은 이 금융산업이 현재 뉴욕 경제를 이끌어간다고 해도 과언이 아니다. 그 이유는 이 뉴욕에 존재하는 두 개의 주식 거래소 때문이다. 바로 뉴욕증권거래소와 나스닥이다. 이 두 증권거래소는 나란히 세계 주식시장 순위 1, 2위를 차지할 정도로 그 규모가 엄청난 걸로 유명하다. 이 2개의 거래소가 전 세계 주식시장 시가총액의 약 42%를 차지한다. 그렇다면 미국에서 이 2개의 거래소는 어떻게 세계에서 가장 큰 거래소가 되었고 뉴욕을 넘어 미국 경제를 이끌어갈 수 있게 된 걸까? 전문가들은 그 이유로 높은 수준의 투자 규모와 기업들의 상장을 꼽고 있다. 기본적으로 주식시장이란 기업들이 사업의 확장을 위해 토지를 구매한다든지 능력 있는 직원들을 더 뽑아야 한다든지 상품을 개발해야 한다는 등의 이유로 돈이 필요할 때 이용하는 자금 확보 수단이다. 그 대가로 기업은 그 기업의 소유권 즉 지분의 일부를 일정 가격으로 매도하게 되고 투자자들은 이 회사의 주식이 매물로 나왔을 때 앞으로 이 기업이 성장해서 주식 가격이 오르고 높은 수익을 낼 것이라고 판단되면 그 주식을 매수하게 된다. 이 모든 과정을 뉴욕 증권거래소나 나스닥과 같은 거래소를 통해서 하게 된다. 일단 이 거래소가 성장하고 잘되려면 정말 건실하고 좋은 기업들이 최대한 많이 상장되어 있어야 하고 이 회사들에 투자할 투자자들이 많아지면서 거래가 활발해져야 한다. 뉴욕의 이 두 거래소는 기업과 투자자들에게 모든 조건을 충족시켜 주기에 부족함이 없었다. 일단 미국이라는 국가 자체가 과거부터 현재까지 전 세계 최고의 패권국이자 명실상부 최고의 경제 대국이라는 말은 지금까지 엄청난 속도로 경제가 성장해 왔다는 얘기가 되고 이렇게 경제가 성장하는 과정에서 분명 미국의 수많은 기업 또한 함께 성장해 왔다는 얘기가 된다. 그런데 기업들 입장에서는 기업을 더욱더 성장하고 발전시키기 위해서 돈이 필요할 수밖에 없다. 그래서 기업들은 그 돈을 충당하는 수단으로 뉴욕의 주식시장을 활용하게 되었다. 자연스럽게 미국을 비롯한 전 세계 수많은 성장기업이 경제 대국 미국의 주식시장이 상장해서 자금을 조달하고자 하나둘씩 모이게 되었고 이렇게 건실하고 성장성이 높은 회사들이 뉴욕 거래소에 모이다 보니 자연스럽게 이러한 건실한 투자처를 찾고 있던 전 세계 투자자들 또한 모일 수밖에 없다. 여기에 더해서 미국에는 미국 증권거래위원회, 즉 SEC(Securities and Exchange Commission)가 존재한다. 이 SEC는 증권시장의 모든 거래를 감시하고 분석하여 시장 조작 내부자 거래 사기 등 불법 활동을 할 수 없게 하고 처벌하는 일을 하는데, 한마디로 미국 주식시장의 투명성과 공정성을 유지하는 일을 하는 규제 기관이다. 물론 전 세계적으로 이러한 주식시장 규제 기반은 주식시장을 보유한 국가라면 어디든 존재하는 게 사실이다. 하지만 미국의 이 SEC는 그중에서도 매우 엄격한 규제로 유명하다. 최근에는 암호화폐 시장 규제 소셜미디어와 내부자 거래 그리고 기업 공시 강화 등 투자자 보호를 위한 막강한 조치들을 취하고 있고 이러한 SEC의 강력한 투자자 보호 시스템은 미국 거래소들의 신뢰성과 안정성을 높이게 되었다. 이는 전 세계 수많은 투자자가 막대한 돈을 미국 증권시장에 안심하고 투자할 수 있도록 만들었다. 정리해 보면 앞서 살펴본 모든 과정을 통해 미국의 뉴욕 증권거래소와 나스닥은 전 세계 최고의 거래소가 될 수 있었고 이 두 거래소를 품은 뉴욕시는 두 거래소의 성장과 함께 자연스럽게 경제력 발전으로 이어질 수 있었다.

확실히 뉴욕을 상징하는 가장 큰 상품은 바로 금융이다. 그런데 이러한 금융 말고도 의외의 개념이 뉴욕의 발전을 이끈 것은 집적이다. 여기서 집적이란 특정 산업이나 활동이 지리적으로 가까운 곳에 모여있는 현상을 의미한다. 쉽게 설명하면 한 산업을 구성하는 고급 업체 고객 투자자 심지어 경쟁업체까지도 전부 한 지역에 모여있는 것을 말한다. 뉴욕은 이러한 집적으로 인해 엄청난 발전을 이루어 왔다. 그리고 대표적인 사례가 바로 가먼트 디스트릭트입니다. 가먼트 디스트릭트(garment district : 의류 지역)는 뉴욕 맨해튼 중심부에 위치한 지역을 말한다. 이 지역은 20세기 초부터 의류 제조업과 패션 산업의 중심지로 불리어 왔다. 그래서 이 지역에서는 뉴욕 패션 위크와 같은 중요한 패션 이벤트도 자주 열릴 뿐만 아니라 전 세계 패션 트렌드를 선도하며 수많은 유명 디자이너와 모든 패션 관계자가 모이는 곳으로도 유명하다. 그런데 이 지역이 재미있는 점이 하나 있다. 바로 이 가먼트 디스트릭트 하나의 지역 안에 디자인, 원단, 구매, 생산, 마케팅, 유통 등 패션 산업과 관련된 모든 기업이 모여 있다는 것이다. 이것이 바로 집적이다. 그러다 보니 이 지역에 있는 패션 회사들의 경우 원단을 구하고 공장에서 옷을 생산하고 판매량을 높이기 위해 의류 마케팅 회사를 찾을 때 멀리 갈 필요가 없다. 그 모든 회사가 조금만 걸어가면 몇 블록 안에 존재하고 있다. 이렇게 관련 회사들이 모여 있다는 점은 기업 성장에 중요한 역할을 하게 되었는데 먼저 의류를 생산하는 공장이 바로 옆에 있기 때문에 머나면 다른 나라에서 수입해 올 필요가 없다. 또한 물건을 들여올 때 내는 관세나 선박 회사에 납부하는 운송료 또한 낼 필요가 없다. 자연스럽게 생산 비용 자체가 저렴해지게 된다. 또한 관련 회사들이 주변에 모여 있다 보니 협력의 기회가 증가하게 된다. 그러다 보니 우리 회사에 필요한 기술과 전문 지식을 가진 인재들을 손쉽게 확보할 수 있다. 이렇듯 가먼트 디스트릭트에서는 집적으로 인해 의류 산업이 크게 성장할 수 있었다. 그리고 이러한 가먼트 디스트릭트 말고도 뉴욕에는 직접의 대표적인 사례가 하나 더 있는데 바로 실리콘 엘리(alley : 골목길)다.

앞서 살펴본 가먼트 디스트릭트와는 달리 실리콘 엘리는 뉴욕시의 기술 스타트업과 혁신적인 기업들이 집중되어 있는 지역을 지칭한다. 그런데 이 실리콘 엘리 어디선가 들어본 것 같지 않은가? 맞다! 미서부 캘리포니아의 첨단 기술 고유 기업들의 집적

지역인 실리콘밸리와 같다. 실제로 뉴욕의 실리콘 엘리라는 말은 바로 이 실리콘밸리에서 영감을 받아 만들어졌다. 그만큼 뉴욕시의 기술 산업과 스타트업 생태계의 발전을 대표한다고 볼 수 있지만 이 실리콘 엘리는 실리콘밸리와 다른 점이 하나 있다. 실리콘밸리가 주로 기술 기업들로 이루어져 있다면 이 실리콘 엘리는 기술 기업 뿐만 아니라 금융, 광고, 건강 관리 등 정말 다양한 산업을 이끌어가는 회사들로 이루어져 있다. 세계 최대 IT 기업인 구글의 본사가 뉴욕의 첼시 지구에 위치해 있기도 하다. 뷰티 및 화장품 분야에서 혁신을 주도하는 에스티 로더도 디지털 혁신과 기술 개발에 중점을 둔 프로젝트를 실리콘 엘리에서 진행중이다. 게다가 뉴욕시는 디지털 게임 산업의 성장을 지원하기 위해 실리콘 엘리 지역에서 메이드 인 뉴욕이라고 불리는 디지털 게임스 허브 프로그램을 운영하고 있다.

이렇듯 뉴욕의 집적은 과거부터 제조업 의료업 IT 등 뉴욕의 모든 산업 분야에 걸쳐 의학적인 발전을 이룬 일에 큰 역할을 해왔다. 그런데 우리가 앞에서 집적을 통해 뉴욕 시에 발전을 가져온 산업 중에 의외의 분야가 하나 있다. 바로 제조업인데 일반적으로 제조업은 토지 가격과 인건비가 가장 저렴한 곳에서 성장하기 때문에 뉴욕에서의 제조업은 약간 생소하다. 제조업체 입장에서는 생산 단가를 낮출 수 있는 곳을 최우선적으로 입지선정하기 때문에 처음에는 고개를 갸우뚱할 수밖에 없다. 세계적으로 살인적인 물가와 부동산으로 유명한 도시인 뉴욕에서 제조업을 운영한다? 가격 경쟁력을 생각하면 쉽게 이해가 되지 않는 부분이기도 하지만. 그럼에도 불구하고 왜 뉴욕에는 여러 개의 거대한 제조회사들이 존재하고 그 생산 공장들까지 자리 잡고 있는 걸까? 여기에는 다 이유가 있었다. 바로 많은 뉴욕의 제조업체들은 뉴욕 현지 시장을 대상으로 제품을 생산한다는 점인데 즉 자동차처럼 세계 시장에서 경쟁해야 하는 제품들을 생산하는 것이 아니라는 거다. 일반적으로 제조업의 경우 더 많은 양을 생산함으로써 개별 제품의 제작 단가를 낮추는 규모의 경제가 작용하는 분야다. 예를 들어 자동차를 생산한다고 가정해 보면 자동차는 거대한 공장을 세우는 데 막대한 돈이 들어가지만 공장이 일단 완성되면 자동차 생산량이 증가함에 따라 이 초기 투자 비용을 더 많은 제품에 분산시킬 수 있다. 예를 들어 10만 대의 자동차를 생산할 때와 50만 대를 생산할 때를 비교했을 때 부정적으로 드는 비용이 50만 대가 더 낮아질 수 있다. 게다가 대량 생산을 하는 과정에서 작업자의 숙련도가 향상되며 생산 효율이 증가하는 학습 효과가 발생할 수 있다. 이것은 자연스럽게 생산성 향상으로 이어질 수 있다. 그런데 뉴욕의 제조업체들은 다르다. 물론 전 세계를 대상으로 하는 제조업체들도 있지만 이들 중 대부분은 전 세계를 대상으로 제품을 만드는 것이 아닌 뉴욕 시민들을 대상으로 만들면 된다. 제품을 많이 만들 필요가 없다 현지 시민들이 원하는 조금의 수량만 제조하면 된다. 대표적인 것이 앞서 살펴보았던 가몬트 디스트리트의 의류 업체들이다. 이 업체들은 주로 현지 시장과 미국 전역의 패션 리테일러를 대상으로 제품을 제공하지만 이렇게 소량의 제품을 생산한다고 할지라도 이러한 제조업이 뉴욕 경제성장에 큰 영향을 끼칠 수밖에 없는 이유가 바로 고용이다. 과거부터 제조업은 고용과 소득 상승에 가장 큰 역할을 해왔다. 그래서 뉴욕의 왕성하게 활동하는 제조업체들이 존재해 왔다는 것. 그만큼 뉴욕의 수많은 이들을 고용했다는 얘기가 된다. 실제로 한 언론기관의 조사 결과에 따르면 뉴욕의 제조업체들이 고용하고 있는 근로자들의 수만 해도 수십만 명에 달한다. 결과적으로 뉴욕의 제조업은 뉴욕 경제 발전에 크게 기여하고 있다. 지금까지의 뉴욕이 전 세계에서 가장 막강한 도시가 될 수 있었던 이유에 대해서 간단하게 살펴보았다. 알면 알수록 뉴욕은 정말 매력적인 대도시라는 생각이 들게 만든다. 가장 중요한 사실은 뉴욕이 세계에서 가장 막강한 영향력이 막강하고, 앞으로도 지금의 명성을 이어갈 것이라는 사실이다.

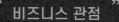

" 비즈니스 관점 "

전 세계에서 이스라엘 빼놓고 유대인이 가장 많이 사는 도시는 뉴욕이다. 뉴욕 800만 인구 중 110만 명이 유대인이다. 뉴욕의 기초를 잡은 네덜란드인, 그리고 영국의 분위기, 유대민족의 뛰어난 인재, 여기에 지리적 특성이 뉴욕을 만들었고, 현대 자본주의의 꽃인 금융업의 발달로 자본주의 최고의 도시로 거듭났다.

만약 쿠팡이 뉴욕이 아닌 한국증시에 상장했다면 어떠했을까? 벌써 부도를 맞아도 여러 번 맞았을 것이다.

지금 조달 및 세계의 트렌드를 알기 위해서라도 뉴욕을 알아야 된다.

사람을 불러 모으는 뉴욕

현대판 피라미드라고도 불리는 베슬, 흉물스러운 고가 철도를 멋지게 탈바꿈시킨 하이라인, 그리고 하이라인 주변을 머물 수 있는 공간으로 만든 첼시마켓과 휘트니 미술관 등 새로운 볼거리와 체험을 통해 꾸준히 사람을 불러 모으고 있다. 이렇게 현대적인 명소만이 아니라 중세 느낌의 클로이스터 와 살던 저택을 미술관으로 꾸민 프릭 컬렉션 미술관 등 신구가 조화를 이루는 뉴욕은 한마디로 계속 진화 중이다.

전 세계인의 환상과 욕망이 모여드는 도시 뉴욕

철저한 비즈니스 마인드

옛 철도 차량기지였던 허드슨야드와 그 일대 개발을 처음부터 계획적으로 하지는 않았지만, 결과적으로는 큰 전략이 있는 것처럼 잘 짜여져 있다. 일단 사람을 모아야 부동산의 값어치는 상승한다. 이러한 철저한 계산 아래 허드슨 야드에는 베슬을 건축한다. 우리 어린 시절에 시골 오일장을 가면 원숭이를 데리고 다니는 약장수를 마주친다. 일단 원숭이가 재주를 부리면 아이들은 몰려들고 이 아이들을 찾으러 엄마들이 오면 그제야 약을 팔기 시작한다. 이 원숭이가 바로 베슬이다.

사람이 모이지 않으면 부동산은 값어치가 없다. 오래 머물면 머물수록 임대나 분양에 잘되고 부동산의 가치는 수직으로 상승한다. 허드슨 야드는 재개발이기 때문에 거의 다 신축이지만 하이라인과 첼시마켓은 있는 환경에서 최첨단으로 변신시킨 케이스다. 이렇게 흉물스러운 고가철도를 힐링파크로 변신을 시킬 경우 비용절감과 이야깃거리를 만들어 낸다. 특히 첼시마켓은 오레오를 생산하던 나비스코 공장을 내부만 뜯어서 개조했기 때문에 더 많은 얘깃거리를 만들어 낼 수 있다. 하이라인 끝에 자리 잡은 휘트니 미술관은 젊은이들 감각에 맞는 현대 미술 작품 위주로 전시를 하기 때문에 허드슨 야드를 비롯한 하이라인 그리고 첼시마켓, 휘트니 미술관까지 하루 투어 코스로 최고의 조합이다. 이렇게 사람들을 모으는 뉴욕의 부동산 개발 전략은 우리나라 경기도 광교신도시의 "앨리웨이"가 모방을 하여 대박을 터트렸다.

베슬

베슬(Vessel)은 뉴욕시 맨해튼의 허드슨 야드 재개발 프로젝트의 일환으로 벌집 구조로 방문객 명소다. 영국 디자이너 토머스 헤더윅이 설계한 이 정교한 벌집 모양의 구조물은 16층 높이로 계단 2,500개, 관람객들이 오를 수 있는 착륙지 80개로 구성돼 있다. 베슬은 5에이커(2.0ha) 허드슨 야드 공공광장의 주요 특징이다. 2019년 개장했으며, 158개의 계단이 46미터 높이로 이어진 형태로 전망대 역할을 하면서 뉴욕의 새로운 명소로 자리매김했다. 하지만 개장 이후 투신자살이 4건이나 발생하는 불미스러운 일들이 이어져, 현재는 투신 방지 작업을 위해 무기한 문을 닫았다. 문을 닫은 이후 2024년 10월 21일에 다시 재개장했다. 3년간 정비를 하며 안전장치에 신경을 많이 썼으며, 관람 시야에 영향을 미치지 않을 정도의 얇은 철망을 각층의 바닥부터 천장까지 설치했으며 천장이 없어 철망 설치가 불가한 최상층은 안전을 위해 개방하지 않는다. 한국에서는 이서진이 웹예능 '뉴욕 뉴욕'에서 2019년에 다녀간 이후로 브루클린 브리지, 자유의 여신상과 더불어 뉴욕 3대 랜드마크로 자리 잡았다.

뉴욕 허드슨 야드에 위치한 베슬

베슬은 언제 오르든 좋은 전망을 자랑한다.

하이라인

하이라인(High Line)은 뉴욕시에 있는 길이 1마일(1.6km)의 선형공원이다. 1993년 개장한 파리의 프롬나드 플랑테에서 영감을 얻어, 웨스트사이드 노선으로 맨해튼의 로어 웨스트사이드에서 운행되었던 1.45마일(2.33km)의 고가 화물 노선을 꽃과 나무를 심고 벤치를 설치해서 공원으로 재이용한 장소이다. 공원은 12번가에서 남쪽으로 한 블록 떨어진 곳에서, 미트패킹 디스트릭트(Meatpacking District)에서 30번가까지 뻗어나가, 첼시 지구를 지나고, 재비츠 컨벤션 센터 근처의 웨스트사이드 야드(West Side Yard)까지 달한다. 하이라인 공원이 생기면서 근처 부동산개발이 활발해졌다.

폐쇄된 철도길을 활용하여 재탄생한 하이라인

만든 배경

첼시(Chelsea) 지구에 위치한 하이라인은 멀리서 보면 도시공원처럼 보이지 않지만, 더 가까워지면 비로소 아름다운 자연의 풍경을 볼 수 있다. 1934년 개장된 이 철도 선로는 거의 사용되지 않아 버려진 채로 남아 있었는데, 1984년에 철도 지지자(Rail enthusiast)라고 불리는 피터 오블레츠(Peter Obletz)가 이 버려진 철도 선로를 10달러를 지불해 회사로부터의 소유권을 넘겨받았으며, 사진작가인 조엘 스턴필드(Joel Sternfeld)는 아름다운 도시공원인 하이라인의 이미지를 떠올렸다. 1990년에는 주민들이 불편함을 느끼자 버려진 철도 선로였던 곳이 꽃과 나무를 심고 벤치

자하 하디드가 설계한 아파트는 하이라인 바로 옆에 위치해있다.

가 설치되고 미술 갤러리와 식당, 자하 하디드가 설계한 아파트를 비롯하여 주변까지 고급화(Gentrified)되었다. 조슈아 데비드(Joshua David)와 로버트 하몬드(Robert Hammond)는 이 아름다운 하이라인이 그저 파괴되지 않도록 지키기 위해서 프렌즈 오브 하이라인(Friends of High Line)이라는 이름의 단체를 1999년에 만들었다. 2003 년에는 여러 나라에서 제출된 720개의 출품작 중 하나를 선정했는데, 파리의 프롬나드 플랑테에서 영감을 얻은 제임스 코너(James Corner)가 만든 작품이다.

결과 및 영향

뉴욕시의 승인으로 인해 이 건물은 1억 5천만 달러(원화로 약 2,200억 원(환율 1,400원 계산시)) 만큼의 가치를 지니고, 그중에서 펀딩을 제외한 나머지 2천만 달러 (원화로 약 300억 원)와 이 건물을 운영하기 위한 운영비는 이 단체가 마련한다. 2009 년에 공식적으로 오픈한 하이라인은 버려진 철로 위에 꽃과 나무를 심은 기발한 아이디어와 7.5 미터의 높이에서 자연을 볼 수 있는 것이 인상적이기 때문에 뉴욕시에서 가장 획기적이고 매혹적인 장소 중 하나로 불렸다. 뉴욕시 주민들과 여행객들의 관심을 끌었으며, 전 세계적으로 주목받고 있는 명소 못지않게 많은 여행객이 자주 방문하는 장소 중 하나이다.

첼시마켓

첼시마켓은 뉴욕의 미트패킹 디스트릭트(Meatpacking District)에 위치해 있다. 미트패킹 디스트릭트는 이름에서도 예상이 가능하듯 1930년대 육류 가공을 하던 공장들이 밀집해 있던 곳으로, 임대료가 쌌기 때문에 이후 예술가들이 들어오며 점차 지금과 같은 독특한 개성을 갖춘 곳으로 변화했다.

첼시마켓은 오레오를 생산하던 기존 과자공장을 개조한 실내 마켓으로, 약 15년이 넘는 시간 동안 뉴요커들, 그리고 전 세계의 관광객들에게 사랑받고 있다. 나비스코 공장을 겉과 기본 골조는 그대로 둔 채 사람들이 좋아할 만한 아이템으로 가득 채워서 매년 방문하는 이들의 수가 600만 명을 훌쩍 넘는다. 바로 맞은편 앞에는 구글 뉴욕 본사가 있고 바로 뒤에는 전 세계 6개밖에 없는 스타벅스 리저브 로스터리가 있다. 첼시마켓에는 35개가 넘는 크고 작은 상점들이 들어가 있고, 그 종류는 옷 가게부터 플리마켓, 레스토랑과 바에 이르기까지 다양하다. 첼시마켓의 소유주는 바로 앞에 있는 구글이며 24억 달러(원화로 약 3조 3600억)에 매입했다. 첼시마켓의 커다란 문을 열고 입장해서 오른쪽으로 시선을 향해 보면 입점한 모든 곳의 명단을 한눈에 볼 수 있다.

결과 및 영향

첼시마켓의 기존 공장의 뼈대를 놔두고 리노베이션 해놓은 결과가 너무나도 성공적이라 한국의 성수동 일대를 비롯하여 전세계적으로 붐을 일으켰다. 이러한 성장세에 주목한 온라인 대표기업인 구글이 매입할 정도로 쇼핑센터로서뿐만 아니라 첼시마켓이라는 브랜드 경쟁력도 상당하다. 단순 쇼핑센터가 아니라 체험하고 스토리텔링에 기반한 추억을 쌓는 등 관광지로서도 독보적인 위치를 차지하고 있다.

첼시마켓의 입구 모습

과자공장을 개조한 첼시마켓의 실내 모습

스타벅스 리저브 로스터리 뉴욕

스타벅스 리저브(Starbucks Reserve)는 세계적인 커피 체인점 스타벅스의 매장 형태이자 커피 브랜드다. 전 세계에 800개 매장이 리저브 매장으로 운영 중이며, 국내에는 총 84곳이 운영 중이다. 커피를 직접 볶는 스타벅스 커피 로스터리는 현재 전 세계 6개 도시에 있다. 이 프로그램은 스타벅스가 스텀타운 커피 로스터, 딜라노스 커피 로스터, 블루보틀 커피 등 프리미엄 커피 소매업체들에 대항함으로써 고급 커피 시장에서 경쟁하고 싶은 이유로 시작되었다. 스타벅스는 2010년 온라인 판매와 수많은 리테일 점을 통해 스타벅스 리저브 프로그램을 시작했으며 아라비아 커피를 취급했다. 나중에 첫 리저브 지점을 라틴아메리카에 열었다.

첫 스타벅스 리저브 로스터리가 2014년 12월 시애틀에서 열렸다. 이 로스터리는 스타벅스의 철학, 산업 등을 집약적으로 구현해 놓은 곳으로 원두, 로스팅, 커피, 음료, 베이커리, 굿즈 등 수많은 요소를 섹션별로 즐기고 느낄 수 있는 곳으로, 한마디로 체험과 마니아를 만들 목적으로 스타벅스 탄생지인 시애틀에서 설립되고 전 세계 6곳에만 있다. 첼시마켓의 앞에는 구글 뉴욕 본사, 뒤에는 전 세계 6곳밖에 없는 스타벅스 리저브 로스터리 뉴욕이 자리 잡고 있다. 스타벅스 리저브 로스터리는 미국에 3곳, 일본 도쿄, 중국 상하이, 이탈리아 밀라노에 각각 1곳씩 위치해 있다.

미국 시애틀에 위치한 리저브 로스터리 1호점

미국에 있는 3곳은 나름대로 전략적 의미를 가진다. 가장 먼저 만들어진 1호점이 위치한 시애틀이 속한 미국 워싱턴주는(주의 : 수도 워싱턴은 미국 동부에 있지만 워싱턴주는 미국 서북부에 있고 워싱턴 대학교도 서북부인 시애틀에 소재한다. MS와 아마존, 스타벅스, 코스트코, 보잉사의 본사는 모두 시애틀에 위치한다) 스타벅스 1호점을 비롯한 스타벅스 본사가 있고 또한 서북부의 대표적인 도시다. 그리고 동부의 대표 도시는 누가 뭐래도 뉴욕이다. 그다음 당연히 중부 지역에 세우는 것이 상식이다. 이 중부의 대표 도시는 시카고다.

상하이에 위치한 2호점
스타벅스 리저브 로스터리는 각 나라와 위치한 곳에 따라 인테리어가 다르다.

이탈리아 밀라노에 위치한 3호점

미국 시카고에 위치한 5호점

미국 뉴욕에 위치한 4호점

일본 도쿄에 위치한 5호점

아이들에게 미국이라는 나라를 알릴 때 다음 3개 지역이 핵심이다. 그리고 한 곳을 추가하면 바로 시카고다. 미국을 움직이는 핵심은 뉴욕, 워싱턴, 필라델피아, 보스턴을 묶는 동북지역(2주 정도는 충분히 훑을 수 있다), 두 번째는 시애틀을 중심으로 캐나다 밴쿠버(시애틀에서 200km밖에 안 떨어져 있다), 나이키 본사가 있는 시애틀과 바로 밑에 위치한 포틀랜드, 세 번째는 샌프란시스코와 그랜드 캐니언을 거쳐 라스베이거스 그리고 LA, 샌디에이고다.(여기도 2주 정도면 충분히 돌아볼 수 있다)

스타벅스 리저브와 스타벅스 리저브 로스터리는 바로 카니벌라이제이션이다. 카니벌라이제이션이란? 예를 들어 신세계그룹에서 할인점 사업인 이마트를 하여 제 살 깎아 먹기를 하였으나 결과적으로 자신, 즉 신세계그룹을 살린 것 처럼 신제품을 출시하여 자신의 기존제품을 잡아먹는 것을 의미한다. 그랬던 신세계그룹도 온라인 마케팅을 소홀히 해서 쿠팡에 자리를 내준다. 온라인을 키우면 이마트가 손해가 많이 나니까! 뒤늦게 부랴부랴 쓱 닷컴을 내놓았으 나 결정적 시기를 놓쳤다.

스타벅스 리저브 로스터리는 스타벅스 위기 후 다시 투입된 슐츠 회장의 작품 이다. 스스로 스타벅스 업그레이드 경쟁 상품을 만들어서 계속 발전해 나가 는 전략에서 나온 것인데 이 리저브나 리저브 로스터리가 신설하면 기존 스타벅스 매장들이 타격을 받는다. 그래도 꿋꿋하게 해야 남에게 잡아먹히지 않는다. 이것을 카니벌라이제이션(Cannibalization), 혹은 파괴적 혁신이라고도 한다.

다시 정리하면 카니벌라이제이션한 기업의 신제품이 기존 주력 제품의 시장을 잠식하는 현상을 가리키는 말이다. 한 기업에서 새로 출시하는 상품으로 인해 그 기업에서 기존에 판매하던 다른 상품의 판매량이나 수익, 시장점유율이 감소하는 현상을 가리킨다. 카니벌라이제이션이란 동족 포식을 뜻하는 카니발리즘(Cannibalism)에서 비롯된 용어로, 자기잠식 또는 자기 시장잠식이라는 의미이다.

예를 들면 콜라를 만드는 회사가 오리지널 콜라만 판매하다가 이와 유사한 다이어트 콜라나 레몬 콜라를 출시함으로써 기존 오리지널 콜라의 매출에 타격을 입는다거나, 온라인게임 개발회사가 인기가 높은 기존게임의 후속편으로 새로운 게임을 출시했는데 이용자가 새로운 게임으로 이동하여 기존게임의 이용자 수를 잃는 상황을 말한다. 이처럼 자사의 제품과 경쟁함으로써 자기시장을 갉아먹는 카니벌라이제이션을 최대한 줄이는 것이 더 많은 수익을 달성하는 데 이롭지만 그럼에도 신제품 출시를 하는 이유는 다른 기업에 의해 망하는 것보다 제 살을 깎아 먹더라도 진화하는 것이 생존애 유리하기 때문이다.

대표적으로 이 카니벌라이제이션을 미루다가 망한 대표적인 회사가 코닥이다. 디지털카메라를 코닥 직원이 발명했지만, 필름 판매가 감소할 것 같아서 상품화를 미루다가 결국은 디지털카메라로 파산하게 되었다. 남한테 잡아먹히기 전에 본인 스스로 파괴를 해야 된다. 그리고 이걸 가장 잘하는 나라가 미국이고 가장 잘하는 도시가 바로 뉴욕이다. 자기 파괴적 카니벌라이제이션인 이마트를 해서 성장하고 이 달콤한 과실을 놓치지 않기 위하여.

휘트니 미술관

　뉴욕을 상징하는 사람 5명을 꼽으라면 밴더빌트, 앤드루 카네기, 록펠러, JP모건트럼프다. 이 중 선구자 같은 사람이 밴더빌트다. 뉴욕의 센트럴파크역과 원 밴더빌트 빌딩(기가 막힌 전망대가 있다)뿐만 아니라 후손인 트루드 밴더빌트 휘트니가 설립한 것이 바로 휘트니미술관이다. 가장 미국다운 미술관이라고 할 수 있는 게 뉴욕에서 활동하는 작가들의 미술품만 취급한다. 쓱닷컴 광고로 유명한 에드워드 호퍼, 앤디 워홀, 잭슨 폴록 같은 미국을 대표하는 작가들뿐만 아니라 뉴욕에서 활동했던 백남준의 작품까지 뉴욕을 대표하는 작가들의 작품을 많이 소장하고 있다.

　1931년 개관 후 여러 번 자리를 옮기다가 전략적으로 2015년, 맨해튼 서남부의 하이라인 파크 입구에 건물을 지어 재개관했다. 신축건물은 파리 퐁피두 미술관을 건축한 것으로 유명한 렌초 피아노(Renzo Piano)의 작품인데 전매특허인 '유리'를 이용 전 건물을 뒤덮어 미술관 실내에 빛을 끌어들여서 기존의 어두운 공간에 스포트라이트를 쐬던 기존 미술관들과 완전 차별화를 했다. 이 건물은 주변과 조화를 이루는 걸로 유명한데 건물 전체를 수직으로 삼등분하여 저층부는 거리와 중층부는 하이라인 파크와 상층부는 테라스 공간과 접하도록 하여 개방성을 높였다. 이 외에도 보는 각도에 따라 달라지는 비대칭적인 외관은 뉴욕의 상징성을 상징하는 것 같은 느낌을 주어 건물 자체가 현대미술의 작품 같다. 따라서 반드시 옥상을 올라가 봐야 하는데 하이라인파크와 허드슨강, 그리고 길거리들이 한 폭의 그림 같은 조화를 이루고 있다.

　특히 감상해야 할 작품으로 〈세 개의 깃발〉이라는 작품을 꼽을 수 있는데, 이 작품은 제스퍼 존스가 세 개의 성조기를 겹친 그림으로 그림보다는 조각에 가깝다. 이미 하나의 상징이자 이미지인 국기를 그린 것이 엄청난 가치의 예술로 인정받는 것을 보면서 미국의 진취성을 엿볼 수 있다. 이 작품은 1980년 휘트니 미술관에 그 당시 거금인

100만 달러에 팔렸다. 이 외에도 마크 로스코, 조지아 오키프, 앤디 워홀, 에드워드 호퍼, 로이 리히텐슈타인, 잭슨 폴록 등 지금은 대가로 대접받는 예술가들의 초창기 작품들을 볼 수 있다.

밤에 본 휘트니 미술관의 전경

제스퍼 존스의 세 개의 깃발(1958년)

색다르거나
스토리가 있는 장소

뜬금없이 중세 풍경이 펼쳐지는 박물관이 뉴욕, 그것도 맨해튼이 있다니! 세계 최고로 치열한 맨해튼에 삶의 휴식을 제공하는 자연이 두 군데가 있다. 하나는 전 세계 모든 사람이 잘 알고 있는 센트럴 파크이고 다른 하나는 숨겨진 보물 클라이스터 박물관이다. 여기에 아늑한 소궁전이라 할 수 있는 프릭 컬렉션에서 새옹지마와 같은 프릭의 인생을 반추하면 색다른 경험을 만끽할 수 있다.

클로이스터스 박물관

최첨단의 뉴욕에서 갑자기 중세 유럽으로 가고 싶으면 이 클로이스터스(Cloisters) 박물관을 방문하면 된다. 메트로폴리탄 박물관의 분원으로 맨해튼 북서쪽 끝에 위치하고 있다. 만일 당신이 명상에 잠기고 싶다면 이곳을 산책하는 것이 최고의 방법일 정도로 목가적이고 조용하다. 특히 뉴욕의 관광객들에게는 아는 사람만 아는 숨겨진 명소이기도 하다. 이렇게 특색있는 박물관은 역시나 뉴욕의 5대 가문 중 하나인 록펠러 가문의 덕택이다. 석유와 존 록펠러의 아들인 록펠러 주니어가 미국의 조각가 조지 그레이 버나드가 사 모은 예술 작품을 그리고 부지까지 모두 메트로폴리탄 미술관에 기증했다. 중세 시대 수도원과 교회의 잔해를 모아서 만들어서 편안함과 차분함에 우아함까지 느끼게 한다.

중세적인 분위기가 물씬 나는 클로이스터스 미술관 내부 모습

클로이스터스라는 이름은 중세 사원 건축, 특히 수도원에서 볼 수 있는 안뜰 둘레의 회랑(궁전 등 주요 부분을 둘러싼 지붕이 있는 긴 복도)을 뜻한다. 클로이스터스는 중세시대 작품이 주를 이루기 때문에 종교적인 색채가 강하다. 그래서 예배당 같은 느낌이 난다. 여기에서 가장 중요한 작품은 〈메로드 제단화〉인데 15세기 네덜란드 화가 로베르 캉팽의 작품으로 세 개의 작품으로 구성되어 있는데 가운데 패널에는 대천사 가브리엘이 성모마리아에게 예수를 잉태할 것이라고 알리는 수태고지(The Annunciation)가 그려져 있다.

로베르 캉팽의 수태고지 세 폭 제단화(메로드 제단화)(1427년~1432년경 추정)

프릭 컬렉션

헨리 클레이 프릭(Henry Clay Frick)만큼 생전과 생후에 상반된 평가를 받는 사람도 없다. 강철왕 앤드루 카네기와 동업 겸 스태프로 카네기를 대신하여 노조를 탄압한 것으로 유명한데 노조 암살자로부터 총알을 맞았지만, 구사일생으로 살아남았다. 은퇴하고 나서는 오히려 자신의 악명을 희석하려는 듯 엄청난 수집 욕구를 드러내서 컬렉션을 어느 정도 완성한 후 그 딸인 헬렌 클레이 프릭이 대중들에게 공개했다. 살던집을 전시 장소로 하여 아담하고 아름다운 별궁을 구경하는 것은 덤이다. 치열했던 삶과는 대조적으로 그가 수집한 작품들은 평온함을 준다. 1912년 프릭은 타이타닉호에탑승할 예정이었는데 아내가 발목을 삐끗하면서 아쉽게 여행을 취소했고 덕분에 살아남아 남은 생 수집에 더 집중했다.

프릭 컬렉션에서 반드시 지나치게 되는 정원   살던 저택을 개조하였기에 아늑함과 격조가 있다

새옹지마라는 속담이 프릭보다 더 적합한 인물은 찾기 힘들다. 주로 9세기부터 19세기 미술작품인데 특이하게도 현대미술 작품은 없다. 그중 가장 유명한 작가는 네덜란드의 요하네스 페르메이르 작품이다. 특히 〈연주를 중단한 소녀〉는 페르메이르만의 작품세계를 엿볼 수 있다. 프릭 컬렉션 미술관 중앙에 있는 조그만 분수가 있는 정원에서 작품과 더불어 프릭의 인생을 반추해 보면 "인생이란" 질문의 답을 찾을 수도 있다.

연주를 중단한 소녀(1658년~1659년)

chapter . 2

뉴욕을 만든
사람들로부터 배워야 할 점

시민이 만든 도시 뉴욕

뉴욕의 심장부 맨해튼을 걷다 보면 멋지고 대단한 건축물을 보면 대개가 개인이 뉴욕시에 기증한 건축물인 경우가 많다. 맞다! 뉴욕은 시민이 만들어 낸 도시다. 그중에서 큰 획을 그은 5명을 뽑으라면 이구동성으로 밴더빌트, 카네기, J.P모건, 록펠러, 트럼프를 꼽는다. 그리고 뉴욕 스피릿을 논하려면 일론 머스크와 쿠사마 야요이의 프런티어 정신을 빼놓을 수가 없다. 물론 이 두 명은 각각 남아공과 일본에서 태어났지만, 활동의 주 무대는 뉴욕이다.

뉴욕은 세계의 뛰어난 사람을 빨아들여서 하나로 만드는 이상야릇한 힘을 가지고 있다. 용광로처럼 녹여서 뉴욕화한다. 이 점에 있어서는 이 두 사람, 일론 머스크와 쿠사마 야요이의 삶을 통해서 우리 삶과 우리 자녀들의 삶까지 뉴 프런티어 뉴욕 스피릿으로 인생을 리노베이션 하자!

밴더빌트
시대를 읽는 통찰력과 독점의 법칙을
실현한 최초의 재벌

최초의 재벌 코넬리어스 밴더빌트

인류 최초의 재벌을 꼽으라고 하면 바로 코넬리어스 밴더빌트다. 그는 미국 재벌 역사를 대표하는 부자로 록펠러, 카네기와 함께 자주 등장한다. 뉴욕에서 궁전 같은 그랜드센트럴역과 멋진 전망대로 유명한 써밋 원 밴더빌트 빌딩 그리고 뉴욕주에 흩어져 있는 밴더빌트 별장과 그 남부의 하버드라고 불리는 유명한 밴더빌트 대학(2023년 미국 대학 순위 13위)까지 록펠러와 비교하여 뉴욕에 남긴 족적은 절대로 뒤처지지 않는다.

최고의 전망대와 맨해튼 최고의 교통요지에 위치한 써밋 원 밴더빌트 빌딩은 전망대로도 유명하다

궁전처럼 웅장하고 화려한 그랜드 센트럴 역

뉴욕 근처에 위치한 소궁전 같은 별장

밴더빌트는 무일푼으로 사업을 시작해서 해운업과 철도 사업으로 미국 최고 부자가 된 사람이다. 주로 악덕 재벌의 대명사처럼 묘사되지만 사실 그는 실제로 본인이 번 돈을 제대로 쓰지도 못했다.

밴더빌트는 1794년 뉴욕 스테이튼 아일랜드에서 태어났다. 지금은 다리가 여러 개 건설되어서 사람들은 여기가 섬인지도 모르지만, 그 시절에는 다리가 없었기 때문에 밴더빌트 아버지는 맨해튼과 스테이튼 아일랜드를 오가는 무동력 페리로 화물과 여객을 실어 나르는 일을 하면서 먹고살았다. 참고로 지금도 맨해튼과 스테이트 아일랜드를 오가는 배가 있는데 요금도 무료이고 가는 길에 자유의 여신상을 바다 쪽에서 볼 수도 있다. 참고로 뉴욕은 맨해튼, 퀸즈, 브롱크스, 브루클린, 스테이튼 아일랜드 5개 구역으로 이루어져 있다. 밴더빌트는 11살 때부터 아버지 페리에서 일을 시작했고 16살 때는 자신의 페리 사업을 시작했다. 페리는 돛대가 두 개 달린 작은 돛단배라고 생각하면 된다. 아버지와 마찬가지로 맨해튼과 스테이튼 아일랜드를 오가는 사업이었는데 미국과 같이 빠르게 성장하던 국가에서 해운업은 좋은 사업이었다. 미국 정부는 아직 체계가 잡혀 있지 않아서 해운과 같은 인프라를 국가가 제공할 수 없었기 때문에 민간 해운업의 장사가 잘되었고 밴더빌트 집안은 네덜란드계 이민자였다. 네덜란드 사람이 바이킹의 후예라서인지 몰라도 당시 네덜란드계 이민자 중에서 해운업에 뛰어든 사람이 꽤 많았다. 그런데 해운업에는 문제가 하나 있었다. 조그만 배 한 척만 있으면 시작할 수 있는 사업이었기 때문에 경쟁이 무척 치열하다는 점이다. 한마디로 진입 장벽이 거의 없었다. 이럴 경우 경쟁자를 이겨야 사업에 성공할 수 있고 경쟁자를 이길 수 있는 가장 쉽고 빠른 방법은 저가 전략이다. 따라서 밴더빌트의 경쟁 전략도 극히 단순했는데 무조건 경쟁자보다 낮은 가격을 제시하는 것이다. 이것은 희생이 필요하고 버티지 못하면 망한다. 당시 해운업과 같이 서비스가 차별화되어 있지 않은 산업에서 저가 전략은 매우 효과적인 전략이다. 특별한 가치나 서비스를 제공 못 하는 사업들은 모두 저가 전략을 취해야 한다. 대표적인 것이 월마트, 아마존이다. 그러나 저가 전략은 말이 쉽지만 실제로 시행하기가 그리 만만치 않다. 경쟁사보다 원가경쟁력이 있거나 또는 경쟁자를 시장에서 퇴출시킬 수 있을 정도로 풍부한 여유 자본이 있어야 지속 가능한 전략이다. 그래서 밴더빌트는 몸이 부서져라 열심히 일했다. 사업 이외에 그 어떤 곳에도 번 돈을 쓰지 않고 재투자를 했다. 여기서 재투자라 하면 더 많은 배를 구입하거나 더 큰 배를 구매한다는 뜻이다. 그는 다른 곳에 돈을 낭비하지 않았기 때문에 원가를 낮출 수 있었다. 또한 재투자로 선박의 숫자가 늘어나면서 규모의 경제를 통해서 원가를 더 낮출 수 있었다.

사업을 시작한 지 얼마 되지 않아서 밴더빌트는 해운업자들 사이에서 소문이 자자했다. 젊은 나이였지만 근면 성실하고 리더십이 있었기 때문에 주위에서 그를 코모도라는 별명으로 불렀다. 코모도는 우리말로 해군 제독이나 선장을 뜻하는 단어인데 밴더빌트 자신도 이 별명을 좋아했기 때문에 주변 사람들은 그를 평생 코모도라고 불렀다. 선박 사업이 점차 확장되면서 그는 더욱더 큰 꿈을 꿈꾸게 되는데 그게 바로 증기선 사업이다. 미국에서는 19세기 초반부터 규모가 큰 해운업체를 중심으로 증기선을 운행하기 시작한다. 증기선은 동력 장치를 갖추고 있었기 때문에 장거리 운항이 가능했다. 밴더빌트는 오래전부터 영국인들이 발명한 이 증기선에 관심이 있었고 증기선이 미래 해운업을 주도할 것이라고 확신했다. 그러다 기회가 찾아왔다.

1817년 당시 미국 해운업계 거물이던 토마스 기븐스가 밴더빌트에게 자신의 증기선 선장을 맡아 달라고 요청했다. 뉴욕과 뉴저지를 오가는 항로였는데 문제는 이 항로에는 이미 독점 사업자가 있었다는 점이었다. 이 독점 사업자는 미국 건국의 아버지 중한 사람인 로버트 리빙스턴과 미국에서 상업용 증기선을 처음 만든 로버트 풀턴이 설립한 회사였다. 이 두 사람 모두 미국 역사에서 무척 유명한 사람들이다. 오래전에 뉴욕주정부는 이 두 사람에게 뉴욕을 오가는 모든 선박 운행에 대한 독점권을 주었다. 그런데 밴더빌트가 증기선 선장 일을 시작했을 때 공교롭게도 리빙스턴과 풀턴이 거의 동시에 사망했고 이들 후손은 이 독점 사업권을 아론 오그덴이라고 하는 기업인에게 거액을 받고 팔았다. 기븐스와 밴더빌트에게 행운이 찾아왔다.

밴더빌트는 오그덴의 독점 운영권을 무시하고 뉴욕과 뉴저지 간 증기선 운항을 시작한다. 밴더빌트는 자신이 잘하는 저가 전략으로 오그덴의 증기선 회사를 궁지로 모는 동시에 기븐스는 오그덴의 독점적 지위를 법적으로 무너뜨리는 작업을 한다. 뉴욕주와 뉴저지주를 오가는 선박에 대해서 뉴욕주가 독단적으로 독점적 지위를 부여하는 것은 부당하다는 논리를 들고나오는데, 두 주에 걸쳐 있는 사업을 하나의 주에서 독점권을 준다는 것이 논리적으로 문제가 있다는 허점을 지적했다. 미국 법률 역사에서 아주 유명한 판례인 기븐스 오그덴 판례가 바로 이 법정 다툼인데 결과는 기븐스의 승리였다. 밴더빌트는 기븐스와 함께 일하면서 규모가 크고 복잡한 사업을 어떻게 운영하는지 배웠다. 기븐스는 실질적으로 밴더빌트의 사업적 멘토였다. 그런데 얼마 지나지 않아 기븐스가 세상을 떠나면서 밴더빌트는 독립을 한다. 이후 밴더빌트는 그야말로 승승장구했는데 기본적인 전략은 이전과 마찬가지로 저가 정책으로 경쟁자를 무너뜨리는 것이었다. "밴더빌트와 경쟁하는 것은 가능하면 피하라!"는 말이 해운업계에 파다하게 퍼졌을 정도였다. 밴더빌트는 모든 것을 배팅하면서 경쟁자를 정말 무자비하게 상대했다. 심지어 일부 돈 많은 해운업자는 자신의 항로에 밴더빌트가 들어오지 않는 조건으로 그에게 엄청난 돈을 줬다고 한다.

밴더빌트가 떼돈을 벌게 된 계기가 있다. 캘리포니아에서 엄청난 양의 금광이 발견됐다는 소식과 함께 1848년부터 1855년까지 무려 30만 명의 미국인이 서부로 이주한다. 이것이 그 유명한 캘리포니아 골드러시다. 미국 동·서부를 연결하는 철도가 아직 완공되지 않았기 때문에 동부에 살던 미국인들이 내륙으로, 서부로 가는 것이 쉽지 않았다. 대안으로 배를 타는 방법이 있었는데 문제는 아직 파나마 운하가 개통되기 전이라 뉴욕에서 남미 끝 케이프 혼을 돌아서 샌프란시스코로 가는 방법이 있었다. 시간도 오래 걸리고 돈도 많이 들었다. 그런데 밴더빌트가 탁월한 방법을 찾아냈다. 일단 뉴욕에서 니카라과까지 배를 타고 가서 니카라과에서 캘리포니아 남부까지는 육로로 이동하고 다시 캘리포니아 남부에서 샌프란시스코까지는 배로 가는 방식이었다. 육로와 바다를 결합한 일종의 하이브리드 방식을 생각해 낸 것이다. 사실 니카라과에는 커다란 호수가 있었기 때문에 운하 하나만 뚫으면 배로 동부에서 서부까지 갈 수도 있는 먼 미래를 생각한 혁신적인 방법이었다.

밴더빌트의 아이디어는 파나마 운하가 없던 시절에 파나마 운하에 버금가는 효율적인 방법이었다

저가 전략과 혁신적인 방법 덕분에 밴더빌트는 해운왕이 된다. 이후 밴더빌트의 통찰력이 빛을 발하는데 앞으로는 해운이 아니라 철도가 미래 사업이라는 걸 간파하고 1850년대 말부터 증기선을 조금씩 매각하면서 본격적으로 철도 사업에 뛰어들기 시작했다. 남들보다 늦게 철도 산업에 뛰어들었기 때문에 그는 철도를 건설한 적은 없고 금융 자본가로서 철도회사를 인수 합병해서 규모의 경제를 키워서 한때 밴더빌트는 미국 철도의 40%를 소유했다. 중요한 건 밴더빌트는 올인 전략을 펼쳤다. 해운업이 뜰 때는 해운업에 올인했고 이후 철도 시대가 도래하자 철도에 올인했다.

밴더빌트의 가장 큰 성공 요인은 무동력선에서 증기선 시대를 읽었고 철도 시대의 도래를 읽은 것이다. 만약 밴더빌트가 지금까지 살아있었다면 그는 석유 사업, 항공 사업, 자동차 사업, 소프트웨어 사업, 반도체와 휴대전화 사업을 했을 것 같다. 밴더빌트는 83세 세상을 떠나면서 상속한 재산이 1억 달러 정도 되는데 지금 우리 돈으로 하면 100조 원이 넘는다. 하지만 그는 처음에는 기부를 거의 하지 않았는데, 첫 번째 부인이 죽고 사촌과 두 번째로 결혼한 후 두 번째 부인의 설득으로 밴더빌트대학을 비롯한 여러 곳에 기부를 하게 된다. 밴더빌트 부모는 생활고로 자녀 교육을 제대로 지켜본 적이 없었고 밴더빌트 자신은 열한 살 때부터 뱃사람들과 어울렸기 때문에 무례하고 사용하는 언어가 상스러웠다. 사실 그는 교양을 갖추지 못해서 나중에 미국 최고 부자로 등극했음에도 불구하고 미국 엘리트들이 모이는 사교 모임에서 배척을 받았다. 그러나 이것은 그의 잘못이 아니다. 비록 냉혹한 사업가 평판을 듣는 밴더빌트지만, 시대를 읽는 눈과 올인 전략은 우리가 본받아야 한다.

" 비즈니스 관점 "

노력도 중요하지만, 트렌드를 읽는 힘도 중요하다. 그리고 아무리 트렌드를 잘 읽어도 경쟁에서 승리할 수 있는 원가 구조의 차별화는 필수다.

다음 김난도 교수의 인터뷰 기사를 참고하라!

"제가 영화를 좋아해서 비디오 가게를 열었다고 해봅시다. 손님이 줄면 고민하겠죠. '재밌는 영화가 없어서 그런가? 비디오 대여 기간이 너무 짧은가?' 그런데 그게 아니라 그저 노트북으로 보는 세상이 온 거라면요? 세상이 그렇게 바뀌었다면, 나도 그렇게 바뀌어야 합니다."

- 김난도 교수 인터뷰 中 -

록펠러
인류 역사상 최고의 부자!
뉴욕의 아버지

뉴욕의 아버지이자 최고의 부자 록펠러

뉴욕의 크리스마스는 맨해튼 록펠러센터 프로메테우스 동상 앞 트리로부터 시작된다. 영화 나 홀로 집에 촬영장이기도 한 이 세계적 명소는 겨울철 스케이트장으로도 유명하다. 이 록펠러 센터 타운의 주인공은 1839년 미국 뉴욕 리치 펀드에서 태어난다. 가난하지도 부유하지도 않은 집안에서 태어난 이 아이의 이름을 "존 데이비슨 록펠러"로 훗날 석유왕으로 불릴 정도로 세계 경제에 지대한 영향을 미친다.

록펠러 센터 앞 크리스마스 트리

나 홀로 집에 2 포스터

　록펠러의 유년 시절 환경은 그다지 좋지 않았는데 그의 아버지 "윌리엄 록펠러"는 여러 직업을 전전하다가 나중에는 의사를 사칭하며 이상한 약장사를 하는 사기꾼이었다. 설상가상으로 집을 오랫동안 비우는 행동이 잦았고 아내를 두고 가정부와 바람을 피워서 사생아를 두 명이나 둘 정도이니 정말 막장 아버지였다. 훗날 아내가 세상을 떠나자, 자식들을 버리고 캐나다로 도주해 젊은 여자와 재혼까지 했다.(일론 머스크 아버지와 막상막하다. 일론 머스크 아버지는 의붓딸과 결혼해서 자식까지 낳아서 머스크는 아버지와 손절했다) 아픈 과거를 기억하며 록펠러는 그의 전기에서 이렇게 자문했다. "나처럼 전혀 가진 것 없이 시작했던 사람이 또 있을까?"라고. 이런 환경에도 불구하고 그는 어떻게 미국 역사에 남는 최고의 부자가 될 수 있었을까? 앞서 말했던 그의 아버지는 한 가정의 아버지로서는 탈락이었지만 록펠러의 교육에는 나름 신경을 썼다. 그의 교육 방식은 우리가 배울 만하다. 예를 들면 용돈을 주는 대신 파리를 잡으면 3센트, 쥐를 잡으면 5센트를 주는 식으로 용돈벌이를 하게 시켜 경제관념을 익히게 하였다. 심지어 성인이 된 록펠러에게 돈을 빌려주고 이자를 받았으며 아버지의 새집에 들어가는 대가로 집세를 낼 정도였다. 이 과정에서 록펠러는 어린 나이부터 수입 장부를 만들어 돈 버는 재미를 알게 되었다. 또한 동네를 돌아다니며 칠면조나 사탕을 팔아 이윤을 남기면서 사업 능력 또한 키워 나갔다. 심지어 19세 때에는 남북전쟁 중이던 군대에 소금과 돼지고기를 팔아 꽤 큰 돈을 벌기도 했다. 그는 고등학교 졸업 후 조그마한 곡물 위탁 판매 회사의 격리사원으로 취직하게 되는데 그곳에서 일하며 건물 중개 사업에 대해 자세히 알게 되었고 자신에게 충분히 가능성이 있다는 것을 확인하고 직접 도전하기로 한다. 1859년에 모아둔 자금 1,000달러와 아버지한테서 빌린 1,000달러를 합해 친구와 같이 곡물 중개회사를 창업한다. 이때만 해도 록펠러는 석유 사업에 크게 관심을 보이지 않았다. 하지만 1859년 펜실베이니아주 타이터스빌에서 처음으로 시추석유가 나오면서 미국 내 석유 사업이 급속도로 확산되니 록펠러도 석유 사업에 큰 관심을 보이게 된다. 본래 석탄을 원료로 쓰던 공장들이 석유로 원료를 전환하며 석유전압이 큰 부흥기를 맞았기 때문이다. 돈 좀 벌고 있다는 사업가들은 모두 유정 개발에 뛰어드는 계기가 되었지만, 록펠러는 석유의 가치는 유전개발보다는 정유에 있다고 봤다. 아무리 좋은 석유라도 정제하지 않으면 끈적끈적한 구정물에 지나지 않았기 때문이다. 록펠러는 남들 다 하는 유전 개발에는 손대지 않고 정제 공장을 세워 정유 사업을 시작한다. 이때 이미 경험 많은 기업가들을 끌어들여 사업 비용을 최소화하였다. 록펠러의 미래를 보는 안목은 정확했고 이들의 동업은 승승장구하게 된다. 또한 록펠러는 석유 사업에서 또 다른 가능성을 보게 되었는데, 바로 운송 사업이다. 당시 석유는 너나없이 채굴되었기 때문에 생산되어 생산량이 일정하지 않았다. 따라서 철도 회사들은 석유 수송이 일정하게 이루어지기를 간절히 바라고 있었다. 매주 수송하는 석유량이 다르다 보니 수송 비용도 들쭉날쭉하여 불안정한 상황을 이어가고 있었기 때문이다.

　　록펠러는 이 문제를 다른 경쟁자들보다 빨리 알아차리고 곧바로 철도 회사들에 접근한다. 운송료를 할인해 준다면 운하를 통한 석유 수송을 중단하고 철도 회사의 매일 유조 차량 60대 분량의 운송을 보장하겠다는 제안을 하고 철도 회사들은 반갑게 이 제안을 받아들인다. 이 운송료 협상을 통해 록펠러는 다른 경쟁자들보다 훨씬 더 유리한 고지에 오르게 된다. 그러나 철도회사들과 동맹을 맺고는 뒤로는 송유관을 매설하여 더욱더 원가를 낮춘다. 이런 선순환구조로 다른 회사들을 파산하게 함으로써 독점 구조를 만들었다. 송유관을 묻기 전 록펠러는 철도 회사의 운송료 협상에서 유리한 고지를 차지하기 위해 주변 정유 공장들을 흡수 합병하기 시작했고 송유관이 본격적으로 매설된 후에 역사상 가장 거대한 에너지 기업인 스탠더드 오일이라는 회사를 세우게 된다. 독점의 위대함을 누구보다도 잘 알기에 스탠더드 오일은 송유관과 저렴한 운송비를 내는 철도를 이용해서 압도적으로 원가를 낮춘 후 저가 공세 ⇨ 다른 회사 파산 ⇨ 파산한 회사 흡수 합병, 계속 이런 식으로 완벽한 독점을 만들어 낸다. 그 외에도 스탠더드 오일은 미국 최초의 주식회사이자 미국 최초로 중력 회의 제도를 실시한 회사로 유명하다. 아무튼 스탠더드 오일은 거대한 자본을 이용하여 미국 내 정유업계를 장악했다. 이미 송유관과 철도 운임 협상에서 절대적 우위를 차지하였으니 다른 경쟁자들은 쳐다볼 수도 없는 위치에 있었다. 인수합병 전쟁을 시작한 록펠러는 경쟁자들에게 두 가지 선택을 제안했다. 경영권을 주고 물러가든가 아니면 파산하든가! 가장 큰 경쟁 상대부터 차례로 집어삼키며 스탠더드 오일은 미국 내 가장 큰 정유 회사가 된다. 이렇게 록펠러는 창업한 지 9년 만에 미국 전체 석유의 95%를 장악하게 된다. 이어서 록펠러는 미국뿐 아니라 세계를 무대로 활동하기 시작해서 1880년대 들어서 전 세계 원유 공급 90%가량이 이 스탠더드 오일에 의해 공급되었다. 유럽, 남아메리카의 시장도 장악하며 국제 독점 기업을 만들기까지 한다. 1882년 석유 기엑슨이라는 회사를 설립하며 세계 시장까지 거머쥐게 된다. 이렇게 안 그래도 잘나가는 록펠러에게 또 다른 호재가 생긴다. 1903년 헨리 포드가 포드자동차 회사를 설립하고 라이트 형제가 휘발유 엔진에 프로펠러를 장착한 글라이더 비행에 성공하면서 휘발유 시대를 열어버린 것이다. 특히 포드자동차에서 대량으로 자동차를 생산하여 휘발유 사용은 말도 안 되게 증가하기 시작했다. 이는 석유 산업 자체를 뒤바꿔버릴 정도로 엄청나게 큰 사건이었다. 록펠러의 석유 사업은 이렇게 또 한 번 큰 부흥기를 맞게 된다. 하지만 그의 야심은 여기서 끝나지 않았다.

스탠더드 오일은 다른 회사들의 주식을 지배하는 지주회사로 개편된다. 석탄, 철강, 은행 선박 등 사업 범위를 확대하기 시작해서 석유 산업을 지배했던 방식과 비슷하게 다른 산업들도 독점하기로 한 것이다. 실제로 그 전략은 어느 정도 성공하여 록펠러는 조선업 운송업 등 수십 개 회사를 거느리게 된다. 하지만, 이 과도한 독점 체제는 미국 정부가 반독점법을 만드는 계기가 되었다. 반독점법이란 특정 기업의 시장 독점을 규제하는 법률인데 현재 한국을 포함한 80여 개국이 정책을 시행하고 있다. 아무튼 반독점법은 당시 시어도어 루스벨트 대통령의 강력한 의지로 이루어지는데 아무리 역사상 가장 거대했던 에너지 회사인 스탠더드 오일도 미국 대통령을 상대할 수는 없었다. 1911년 결국 스탠더드 오일은 반독점법 위반으로 인해 해산 명령을 받게 되어 34개의 회사로 분리된다. 그런데 이 해체 결정은 예상치 못한 결과를 낳게 되는데 분리된 스탠더드 오일 계열사가 주식시장에 상장되자마자 주식 가격이 최소 두 배 이상 뛰어 버리게 된 것이다. 이에 따라 원래 스탠더드 오일 전체 지분의 25%를 소유하고 있던 록펠러는 그 이전보다 훨씬 더 큰 부를 축적하게 되었다. 오히려 그토록 반대하던 독과점 금지법이 록펠러의 부에 날개를 달아주었다. 그래도 반독점법이 어느 정도 효과를 낸 덕분에 석유 사업의 독점 체제는 서서히 사라지게 된다. 사실 그가 만든 독점 체제는 수많은 희생자도 낳았지만, 일부 긍정적인 면도 있다. 록펠러는 무리한 독과점으로 세상에서 욕도 많이 먹은 사람이지만 석유 산업을 수직 계열화하여 빠른 속도로 전 세계에 자리 잡도록 했다는 결과를 가져왔다는 평가를 받고 있다. 또한 무수히 많은 사람들이 정제사업에 뛰어들어 큰 혼란을 일으킬 수도 있는 석유 산업을 초기에 쓸어버려 빨리 정착하게 한 인물이기도 하다. 게다가 스탠더드 오일이 꽤 합리적인 독점 체제를 유지한 덕분에 동유(오동나무 기름) 가격은 서민들에게 적합한 가격으로 인하되었고 품질 격차 또한 이뤄졌다. 또한 석유 산업을 비약적으로 발전시켰다는 점에서 현대 기업들의 롤 모델로 기억되고 있다.

이렇게 미국 경제사에 이름을 남긴 록펠러는 독점 체제가 무너진 이후 어떤 행보를 보였을까? 록펠러가 사후 존경받게 된 계기가 있다. 록펠러는 오십 대 후반에 알로페시아라는 탈모증과 비슷한 암에 걸려 일 년 시한부 인생을 통보받고 이때부터 자선 사업을 시작하게 된다. 사실 록펠러는 오십 대부터 과도한 스트레스 때문에 동생들과 아들한테 사업을 물려주고 그냥 가진 돈으로 편하게 살고 싶어 했다. 시한부 통보도 받았겠다. 이제 록펠러는 자선 사업을 하면서 마음의 평화를 찾기로 마음먹는다. 남은 일 년 동안 모은 재산을 의미 있게 쓰고 죽자는 생각을 하게 되는데, 그 결과 고아원 도서관 등을 세우고 많은 학교에 기부금을 전달했다. 역시 사업을 성공시킨 기업가답게 연장선상으로 록펠러 재단을 만들어 의학과 과학 등 인류의 발전에 도움이 되는 분야의 연구를 지원하는 데 집중했다. 그 유명한 시카고대학교와 록펠러 대학교를 설립하기도 했다. 현재 시카고대학교는 80명이 넘는 노벨상 수상자를 배출한 명문대학교가 됐고, 록펠러 대학교는 2022년까지 26명의 노벨과학상 수상자를 배출했다. 이렇게 록펠러는 미국 경제뿐 아니라 교육에서도 지대한 영향을 미치게 된다. 지금 뉴욕의 상하수도도 록펠러의 기부금으로 만들어져 안전하게 뉴욕 시민들의 식수원 역할을 하고 있다. 아무튼 자선 사업을 꾸준히 이어가던 록펠러는 활기를 되찾았고 의사의 시한부 선고에도 불구하고 무려 40년이나 더 살아 1937년 97세의 나이로 세상을 떠나게 된다. 지금 기준으로도 굉장히 장수한 인물로 볼 수 있다. 이후 록펠러 기업의 재산은 록펠러 주니어에게 상속되었다. 그의 가문은 재력을 바탕으로 미국에서 손꼽는 명문가로 거듭난다. 록펠러 가문은 미국의 제41대 부통령인 넬슨 올드리치 록펠러라는 정치 거물을 배출하기도 했다. 록펠러는 사실 모든 수단과 방법을 동원해서 사업 경쟁자를 박살내었던 냉혹한 인물이었지만 그가 이룩한 업적들로 미국은 엄청난 발전에 이르게 되었다.

" 비즈니스 관점 "

록펠러가 성공한 원인은 무엇이라고 생각하는가?

1. 남들과 다른 경제교육과 독립적으로 성장하게 한 아버지의 가치관

2. 사업의 본질을 꿰뚫는 통찰력

채굴을 하는 유정 사업은 성공하면 대박 나지만 유정에서 석유가 안 나오면 완전히 망하는 사업인 것에 반해 정유사업은 누구나 거쳐 가야 하는 톨게이트와 같은 사업이다. 석유가 무겁기 때문에 원가에서 운송비가 많이 차지하는데 이것을 경쟁자보다 싸게 가져감으로써 원가 우위를 점하고 독점을 만드는 선순환구조를 만들었다.

앤드루 카네기
성공학 교과서 같은 인생

    인자하고 지적인 노신사 이미지 사진으로 널리 알려진 철강왕 앤드루 카네기는 그의 회사 카네기 스틸을 통해 세계 역사상 가장 부유한 사람 중 한 명이 된 스코틀랜드계 미국인 사업가다. 우리나라에 알려진 카네기 성(姓)을 가진 유명한 사람은 2명이다. 지금 소개하는 철강왕 앤드루 카네기와 인간관계론으로 유명한 데일 카네기다.

철강왕 엔드루 카네기   인간관계론으로 유명한 데일 카네기

음악 전용 극장인 카네기홀은 화려한 내부로도 유명하다.

우리에게 카네기는 카네기 홀로 유명하다. 이렇게 거대하고 멋진 음악의 전당을 기부할 수 있었던 것은 다음과 같다. 앤드루 카네기는 1901년 카네기 스틸을 JP 모건에 팔아 4억 8,000만 달러를 받았다. 이 회사가 지금의 US스틸이다. 타임즈에 따르면 이 숫자는 미국 GDP의 2% 이상에 해당한다고 하는데 오늘날의 원화로 약 570조 원이 넘는 가치다. 즉 우리나라 2024년도 예산이 656조 6,000억을 생각하면 어마어마한 돈이다. 그리고 그는 그 돈의 대부분을 대학 도서관 그리고 다른 공공사업에 기부하며 인생의 마지막 몇 년을 보냈다.

앤드루 카네기의 성공 비결은 무엇일까? 카네기가 그의 성공 비밀을 밝힌 것은 크게 3가지다. 첫 번째는 집중력이고 두 번째는 검소함, 세 번째는 위임이다. 집중력은 모바일 시대가 되면서 더 중요하게 되었다. 앤드루 카네기는 일찌감치 정신을 집중하고 주의를 기울이는 능력을 터득했다. 그는 주의를 기울이는 능력으로 인해 새로운 기회를 탐색하고 창의적인 계획을 시각화하고 그것을 큰 성공으로 구현할 수 있었다. 데일 카네기와의 인터뷰에서 앤드루 카네기는 이렇게 말했다. "여러분의 지배적인 생각, 관심 그리고 집중이 여러분이 성취하기를 원하는 어떤 것에 맞춰질 때 여러분은 항상 그것을 성취하게 될 것입니다." 원하는 결과에 생각을 집중할 수 없다면 건강, 생산성 또는 부와 관계없이 인생에서 아무것도 발전할 수 없다. 현대 자기 계발 분야의 뿌리가 되는 성공 철학의 거장 나폴레옹 힐은 집중력을 마음의 모든 능력을 조정하고 결합한 힘을 확실한 목적으로 이끄는 행위라고 정의한다. 어떤 일을 시작하고 끝내는 것이든 대화하는 동안 다른 사람에게 집중하는 것이든 심지어 완성될 때까지 한 가지 생각을 고수하는 것처럼 간단한 것이든 이것은 모든 성공한 사람들이 채택한 자질이다.

스티브 잡스는 다음과 같이 말했다. "저는 성공한 기업가와 성공하지 못한 기업가를 구분하는 요인의 절반 정도는 순수한 인내라고 확신합니다." 이제 여러분은 어떻게 하면 주의력, 집중력을 기를 수 있는지 스스로에게 물을 것이다. 마이애미 대학 심리학과 교수 아미쉬 자의 〈피크 마인드〉에서 그녀는 하루에 12분, 일주일에 5일만 투자하면 간단한 마음 챙김 운동을 통해 주의력과 업무 기억력을 높일 수 있다고 말한다. 따라서 작은 시간 투자로 여러분들은 삶의 거의 모든 분야에서 엄청난 보상을 받을 수 있다.

"집중은 나의 인생철학이다. 무엇보다 정직하고 근면하며, 집중하라."
– 미국의 강철왕 앤드루 카네기(1835~1919) –

집중력을 유지하기 위한 간단한 3가지 방법을 소개하면 다음과 같다.

1. 산만함 제거를 위한 정리 정돈과 청소 : 어떤 일을 시작하기 전에 여러분은 주의를 산만하게 할 가능성을 줄이고 성공을 위한 환경을 설정해야 한다. 모든 기기 장치를 매너 모드와 같은 설정을 해 두거나 스마트폰을 다른 방에 두는 것, 책상을 정리하는 것 등 방해적 요소를 제거한다. 개인적으로 저는 무의식적으로 스마트폰을 집어 들고

카카오톡을 살펴보거나 유튜브(YouTube)를 스크롤 하기 시작할 것이기 때문에 때때로 다른 방에 휴대전화를 두곤 한다. 산만함을 제거하기 위해 공간을 비우는 것은 성공으로 가는 길을 닦는 좋은 방법이다.

2. 짧은 휴식 : 장시간 일하는 것은 우리의 집중력을 떨어뜨린다. 이 문제를 완화하는 훌륭한 방법은 짧은 휴식을 취하는 것이다. 멜버른테의 연구팀은 직장인 150명을 대상으로 40초간의 자연을 바라보는 실험을 한 결과 자연을 바라본 사람들의 일에 대한 실수가 줄고 집중도가 높아졌다는 연구를 발표했다. 또한 마이크로소프트(Microsoft)의 휴먼 팩터 랩에서 뇌의 휴식이 필요하다는 내용의 연구 결과를 공개했다. 연구 결과는 휴식이 없으면 스트레스가 급증하고 뇌의 피로도가 증가해 집중력과 업무 효율이 떨어진다는 것이다. 따라서 충분하게 쉴 수 없다면 최소 5~ 10분이라도 쉬어야 한다고 말한다. 특히 학습할 때는 25분간 공부하고 5분 쉬고 다시 25분간 공부하고 10분 휴식하는 것을 이걸 계속 반복해서 실천하는데 이때 쉴 때 스쿼트 10회나 팔굽혀펴기 5회 등 반드시 운동하는 게 효과적이다.

3. 규칙적인 운동 : 규칙적인 운동이 우리의 집중력과 생산성을 포함한 전반적인 정신 건강을 어떻게 향상시킬 수 있는지에 대한 많은 연구가 있다. 한 예로 공부를 시작하기 전 걷기와 달리기 자전거 타기 등 유산소 운동을 하면 기억력과 집중력을 높여 학습 능력 향상에 도움이 된다는 연구 결과가 나왔다. 부지런하지 않더라도 상관없다. 단 2분만 하더라도 기억력, 문제 해결 능력, 집중력, 언어 능력이 향상된다. 단 10분 정도의 유산소 운동이 뇌 기능을 전반적으로 활성화하여 집중력 향상에 좋은 영향을 준다는 최신 연구 결과도 있다.

지금까지 철강왕 앤드루 카네기가 큰 부를 이루도록 해준 집중력과 그 집중력을 기를 수 있는 방법에 대해 간단하게 알아보았다. 카네기는 여러분들이 하고 있는 일에 모든 관심과 에너지 집중을 쏟으라며 다음과 같이 전했다. "평균적인 사람은 자신의 일에 자신이 가진 에너지와 능력의 25%를 투여한다. 세상은 능력의 50%를 일에 쏟아붓는 사람들에게 경의를 표하고 100%를 투여하는 극히 드문 사람들에게 머리를 조아린다.” 두 번째로 꼽은 그의 성공 철학은 검소함이다. 그의 검소함을 나타내는 일화가 있다. 카네기는 어느 날 회사로 찾아온 초등학교 교장 선생님을 만났다. 카네기에게 학교 건물 신축 기부를 요청하러 온 것이다. 카네기는 촛불 2개를 켜 놓고 책을 읽고 있었는데 방문객이 들어오자, 촛불 한 개를 끄면서 손님을 맞았다. 교장 선생님은 그 모습을 보고 카네기에게 기부금을 받기가 어려울 것으로 예상했다. 그러나 카네기는 예상밖으로 선선히 교사 신축 기부금을 내놓겠다고 약속했다. 교장선생님이 궁금해서 물었다. “어째서 내가 들어오자, 촛불 하나를 꺼버렸습니까?” 그러자 카네기는 “책을 읽을 때는 두 개가 필요하지만, 이야기를 나눌 때는 촛불 한 개만으로도 충분하지 않습니까!” 강철왕 카네기는 백만장자가 되는 지름길은 바로 “수입이 항상 지출을 초과하는 것”이라고 얘기했다. “백만장자들은 일찍부터 저축을 시작한다.” 라고 자서전에서 강조했다.

그는 위기에 대처하는 방법으로 3가지를 꼽는다. 첫째, 저비용 구조다. 경제가 성장해 소득이 늘면 고비용 구조의 삶이 정당화된다. 그러나 위기는 소득 단절 혹은 감소를 의미한다. 이때 고비용 구조에 익숙한 기업과 개인은 치명상을 입게 된다. 어느 날 그리스가 그 전형적인 고비용 국가로 위기를 맞이한 모습을 보여주었다. 그리스 공무원은 독일 공무원보다 급여가 많았다. 그런데 세금은 더 적게 걷었으며 적게 벌고 많이 썼다. 이제 그리스는 고비용 구조에서 벗어나 저비용 구조의 삶에 익숙해져야 할 시대적 성향을 끌어안았다. 역사가 보여주는 사실은 저비용 구조를 장착한 기업이나 개인이 망한 사례는 거의 없다는 점이다. 둘째, 건전한 재정이다. 건전한 재정 없이 건전한 삶은 존재할 수 없다. 부채는 위기를 부추기는 최고의 먹잇감이다. 위기는 부채에 노출된 기업이나 개인을 먼저 사냥한다. 국가 기업 개인을 가릴 것 없이 건전한 재정이 없으면 건전한 삶도 자유도 없다는 사실을 역사는 절실하게 각인시켜 주고 있다. 셋째, 투자에서 일국(한 나라) 주의를 벗어나야 한다. 시계추를 거꾸로 돌려 1997년 말로 가보면 그 답이 있다. 당시 최고 수익률을 안겨준 금융상품은 바로 해외 펀드였다 원 달러 환율이 1,800원대까지 치솟자, 외환에서만 2배 이상 수익이 났다. 쓰나미 같은 위기에서는 주식도 부동산도 쓸려 나간다는 것을 보여주었다. 세계 경제가 글로벌 경제로 전환되고 기술 혁신으로 위기 전파 속도도 엄청나게 빨라지고 있는 시대를 맞았다. 이런 시대에서는 인간 본성이 그 속도를 따라가는 것이 아니고 건전한 삶의 기초가 바뀌는 것도 아니다. 건전한 재정과 건전한 투자는 예나 지금이나 건전한 경제적 삶의 기초라는 것만은 불변의 원칙이다.

세 번째 성공 요인은 위임이다. 카네기는 종종 "사실 내가 성공할 수 있었던 것은 내가 무엇을 알거나 나 스스로 무언가를 해서가 아니라 나보다 잘 아는 사람을 뽑을 줄 알았기 때문이다."라고 말을 자주 했다. 강철왕 카네기의 말처럼 1873년 몇몇 지인들과 힘을 합쳐 강철 회사를 설립하고 새로운 시대의 트렌드를 읽으며 제철 산업에 눈을 돌렸고 기회가 찾아왔을 때 머뭇거리지 않고 붙잡았다. 그는 강철의 시대가 도래할 것이라고 예상하며 피츠버그의 주요 제강 업체 대여섯 곳과 연합해 1886년 홈스테 제강소를 합병했다. 나아가 이 회사를 중심으로 석탄 철광석, 광석 운반용철도, 선박 등을 하나로 묶는 거대한 철강 트러스트인 카네기 철강회사를 설립했다. 그가 부자의 길로 들어서는 데 결정적인 계기는 역시 철강 사업이었다. 그는 여생을 아름다운 삶으로 마무리했다. 삶이 아름다운 이유는 그가 실업계에서 은퇴한 이후 18년 세월의 여생은 나눔의 삶으로 보내는 데 전력을 다했다는 점에서 찾을 수 있다. 그를 가리켜 이런 말이 회자되었다. 앤드루 카네기는 부자들이 자신이 축적한 부를 사회에 되돌려주어야 하는 도덕적 책무를 져야 하고 이를 실천에 옮겨야 한다고 주장한 최초의 인물이었다. 마법을 실천한 따뜻한 강철왕 카네기는 비록 가난했지만, 가난이 주는 선물을 적극적으로 받아들였고 또 희망을 잃지 않았다. 바로 이것이 가난한 아이들이 부유한 아이들보다 유리한 점이라는 가르침을 주었다. 이런 소중한 경험에 견줄 만한 것이 금수저를

물고 태어난 백만장자 2세나 귀족 아이들에게도 있을까? 어린이나 청소년들의 노동 시간을 제한하는 법률이 없었던 시절 어른과 똑같이 새벽부터 오후 늦게까지 일해야 했던 가난한 세월을 몸으로 부딪혔다. 전보 배달원으로, 철도원으로 그리고 마침내 강철왕이 된 것이다. 카네기의 인생은 늘 성공을 추구하며 좌절하지 않고 줄기차게 달려서 소망했던 목표를 이루는 삶이었다. 하지만 카네기의 성공에는 몸과 신의 가호만 있었던 것이 아니라 뼈를 깎는 아픔과 고통이 수없이 따랐다. 회사를 경영하는 경영진이자 자본가로서 노동자를 착취하고 임금을 적게 줘서 일어난 노동자들의 분규도 겪었다. 더불어 카네기가 돈을 많이 번 부자들은 그 돈을 이웃에게 돌려줄 사회적 책임이 있다고 역설하고 선도적인 자선 사업가로서 솔선수범하는 아름다운 모습을 보여주었다. 그래서 그가 세상을 떠난 뒤에도 많은 사람들이 그를 추앙하고 그의 명성이 살아 숨 쉬고 있다.

카네기는 자신이 어렸을 때 소년 노동자들을 위해 개인 도서관을 개방했던 앤더슨 대령을 떠올리며 도서관에 관심을 기울였다. 스코틀랜드와 미국 펜실베이니아주와 뉴욕 피츠버그를 비롯하여 곳곳에 2,500개 넘는 도서관을 지어주고 음악을 감상할 수 있는 세계적인 규모의 카네기홀을 만들어 주었으며 대학교를 세우고 카네기 재단을 만들었다. 그가 남긴 많은 명언은 새로운 시대를 살아갈 많은 이들로부터 찬사를 받고 있다.

1. 재산을 저승으로 가져갈 수 없다.
2, 일생동안 쌓은 부는 다른 사람들에게 나누어 주어야 한다.
3. 자손에게 부를 물려주는 것은 물려받은 자에게 불행을 처리하기 때문에 좋은 방법이 아니다.
4. 자식에게 막대한 유산을 남겨주는 것은 독이나 저주를 남겨주는 것과 같다.

5. 사람이 부자인 채로 죽는 것은 수치스러운 죽음이다.

6. 당신은 당신이 생각하는 대로 될 것이다. 그렇기에 크게 생각하고 크게 믿으며 크게 행동하고 크게 일하고 크게 베풀고 크게 용서하고 크게 웃고 크게 사랑하고 크게 사랑하라.

7. 당신의 에너지와 당신의 생각과 당신의 자본을 한 곳에 집중하라.

8. 현명한 사람은 모든 달걀을 하나의 바구니에 담고 그 바구니를 집중해서 관리한다.

9. 성공의 비결은 당신이 당신의 일을 스스로 하는 것이 아니라 그 일에 가장 적합한 사람을 알아차리는 것이다.

10. 만약 운명이 당신에게 레몬이 쥐여 준다면 레모네이드를 만들 수 있도록 노력하라.

11. 대중에게 도움을 주기 위해서 나는 무료 도서관을 선택했다. 왜냐하면 도서관은 스스로 노력하지 않는 사람에게는 아무것도 주지 않지만 스스로 노력하는 사람에게는 큰 도움이 되기 때문이다.

12. 자신이 모든 것을 하려고 하고 그에 대한 보상도 자신이 모두 가져가려고 하는 사람은 절대 훌륭한 리더가 될 수 없다.

13. 나의 삶에서 참 많은 문제가 있었다. 하지만 재미있는 사실은 그런 문제 중에 90%는 실제로 일어나지 않았다는 것이다.

　　돈은 내 것이 아니라 지역사회를 위한 것이라고 여겼던 카네기의 철학은 황금만능주의에 젖어 있는 요즘 세상에서도 찬란한 빛을 발산하고 있다. 그래서 카네기의 삶을 추모하면서 다시 한번 되새기게 한다. 그의 묘비명예는 "자신보다 우수한 사람을 어떻게 다루는지 아는 사람이 여기 누워 있다."라고 새겨져 있다. 카네기는 "자신감이야말로 최고의 성공 비결"이라는 명언도 남겼다.

" 비즈니스 관점 "

1. 심리학을 경영에 활용한 대표적인 인물로 힘들거나 악역은 다른 사람에게 모두 맡기는 위임의 천재다. 대표적인 것이 프릭 컬렉션으로 유명한 프릭이다. 그는 카네기를 대신하여 노조 탄압을 하다가 암살 위기를 가까스로 넘겼다. 어떻게 보면 토사구팽으로 유명한 유방과도 같은 인물이지만 최후의 승자는 이런 유형이다.

2. 성공학 교과서 같은 인물로 그가 제시한 어록만 준수해도 대성공은 몰라도 어느 정도 성공이 가능하다.

J.P 모건
런던에서 뉴욕으로
금융 중심지를 옮긴 사람

월스트리트를 방문하다 보면 관광 가이드가 항상 안내하는 저택이 있다. 바로 한때 미국의 모든 금융을 장악했던 남자의 집이다. 금융뿐 아니라 당시 전 세계에서 시가총액이 가장 높았던 기업인 US 스틸이나 제너럴 일렉트릭 GE, 제너럴 모터스, AT&T 같은 말도 안 되는 대기업들도 이 남자의 지배 하에 있었다. 심지어 미국 연준 FED가 생기기 전에는 아예 이 남자의 은행이 미국의 중앙은행 역할을 했다. 오늘은 역사상 미국에서 가장 성공한 금융 사업가 J.P 모건 이야기다.

뉴욕 금융의 중심 J.P 모건

월스트리트에 위치해 있는 JP 모건의 생가

    모건은 1837년 미국의 코네티컷주에서 태어났다. 그의 이름은 존 피어멘트 모건 (John Pierpont Morgan), 바로 J.P 모건이다. 그의 집은 상당한 재산을 가지고 있어서 10대 때 스위스에서 학교에 다니면서 불어로 공부하고 독일에 있는 대학에 다니면서 독어를 배운다. 당시 모건의 아버지 J.S 모건(Junius Spencer Morgan - 유니어스 스펜스 모건)은 영국에 있는 금융기업 피바디사의 파트너였다. 피바디사의 실질적인 경영을 모두 맡아서 했는데 그는 유대 금융가인 로스차일드의 방식을 그대로 적용하고자 했다. 그는 로스차일드가 그랬던 것처럼 런던, 파리, 뉴욕 동지에 지점을 두고 전 세계의 금융을 지배하고자 했다. 그리고 자신의 아들인 J.P 모건이 대학을 졸업하자마자 런던으로 불러들인다. 이때 J.P 모건의 나이는 20세! 모건은 런던에서 아버지에게 금융 업무에 대해 배우게 된다. 이후 모건은 뉴욕으로 거처를 옮기고 아예 자신의 이름을 딴 J.P 모건이라는 회사를 만들고 아버지의 회사인 피바디금융회사의 대리점 일을 하게 된다. 이때가 1861년 모건의 나이 겨우 24살이었다. 모건에게 돈 벌 기회는 생각보다 빨리 찾아왔다. 그가 J.P 모건을 차렸을 때 미국에서 남북 전쟁이 일어났다. 전쟁은 막대한 돈이 들어가기 때문에 자본가들과 물류를 만드는 곳들이 엄청나게 돈을 벌 기회다. 모건은 무기상들에게 높은 이자를 받고 돈을 빌려주고 전쟁이 나면 화폐의 불확실성 때문에 금값이 오르리라 판단해 금을 대량으로 매집해 오를 때까지 기다렸다가 오른 금을 팔아서 큰돈을 벌게 된다.

　　다음은 유럽에서 프로이센 프랑스 전쟁이 터졌는데 이 전쟁은 프랑스의 패배로 프랑스가 막대한 배상을 지급하는 조건으로 끝나게 되었다. 문제는 프랑스에는 이 배상금을 지급할 돈이 없어서 프랑스는 국채를 대량으로 발행했다. 당시 유럽의 큰 은행들은 프랑스의 국채를 매입하기를 꺼렸다. 그때 J.P 모건의 아버지 J.S 모건이 나서게 된다. 그는 지금까지 프랑스가 채무를 불이행한 적이 없다는 데이터에 근거해 결국에는 프랑스가 돈을 갚게 되리라 생각한다.(150년 전에 데이터 경영을 했다는 건 엄청나게 시대를 앞서간 것이다) 당시 프랑스 국채의 가격은 액면가보다 한참 떨어져 있는 시세여서 돈을 받기만 할 수 있다면 그에게는 커다란 기회였다. 결국 J.S 모건은 있는 돈을 다 모아서 프랑스 국채를 모두 사들인다. 그리고 프랑스는 액면가대로 국채를 상환하였고 모건이라는 이름은 이제 유럽 내에서 모르는 사람이 없게 된다. 모건 부자는 이렇게 미국과 유럽을 무대로 큰돈을 벌게 된다. 그들은 돈이 될 만한 시장을 포착하고 막대한 자본을 가지고 뛰어들어 이익을 창출하는 사업 구조를 갖추고 있었다. 한마디로 금융 자본가였다. 다음 그들이 노린 시장은 철도 시장이었다. 미국에서 남북 전쟁이 끝나고 나서 가장 큰 사업은 철도산업이었다. 동부에서 서부를 가로지르는 대륙횡단 철도산업은 그야말로 돈이 넘쳐나는 금광이었다. 여기서 주목해야 하는 것은 전신소가 철도 역사에 함께 설립되었다는 점이다. 당시 가장 빠른 정보 송수신은 바로 모스부호로 통하는 전신이었다. 철도를 장악한다는 것은 다시 말해 정보의 독점도 의미한다. 모건은 이 철도 회사들 주식을 사들여서 경영에까지 참여한다. 이때부터 J.P 모건은 단지 회사의 자본만 대는 것이 아니라 경영까지 같이 협력하는, 이른바 관계 금융이라는 시스템을 만들어낸다. 1877년에는 미국 철도왕이었던 밴더빌트가 사망하면서 일부 주식을 매각하게 되자 이 물량조차 자신이 소화한다. 1880년대 철도회사의 발행 주식이 뉴욕 증권거래소의 총 60%에 달하는 물량이었는데 미리 철도 산업의 주식을 선점해 놓은 모건의 영향력은 절대적이었다. 1890년대 후반부터 미국의 금융 위기가 찾아올 뻔한 위기를 로스차일드와 손을 잡고 미국의 중앙은행 역할을 하며 위기에서 구한다. 이 사건이 있고 나서는 모건이 했던 역할을 나라에서 직접 해야 한다며 연방준비제도 이사회를 만들게 되는 계기가 되었다.

1900년대 모건은 철도에서 새로운 곳으로 눈을 돌리는데 바로 철강이었다. 이미 철강 산업은 철강왕으로 불리는 앤드루 카네기가 꽉 잡고 있었다. 모건은 카네기와 골프를 치면서 물어봤다. 그 철강 회사를 얼마면 팔겠냐고? 카네기는 쪽지의 가격을 써서 모건에게 건네주는데 가격은 무려 4억 8,000만 달러 지금의 화폐가치로 약 570조나 되는 천문학적인 돈인데 이 돈을 주고 카네기의 철강 회사를 사서 다른 회사들까지 사서 통합한 것이 바로 US 스틸이다. US 스틸은 당시 세계에서 가장 거대한 회사 중 하나가 되었다. 하지만 위기는 생각지도 못한 곳에서 찾아오는데 모건이 크게 투자한 회사 중 해운트라스트사가 있었는데 이곳 산하의 한 여객선 회사가 전에 없는 대형선을 만든다. 이 대형선의 이름은 타이타닉이고 타이타닉이 침몰하면서 수많은 목숨을 앗아가게 되고 유례없는 비난에 휩쓸리게 된다. 여기에 각종 음모론까지 더해지면서 모건은 이때부터 각종 청문회에 불려 다니며 수난을 겪게 된다. 그는 결국 급격히 기력을 상실하면서 불면증 우울증 신경 쇠약을 겪으며 생을 마감하게 된다.

미국의 역사상 돈을 가장 많이 번 부자들 순위는 3위 철도왕 밴더빌트 2위 철강왕 카네기 1위 석유왕 록펠러를 꼽는데 이 순위에는 J.P 모건이 들지 못하지만, 그 영향력은 이들 못지않다. 현재의 월스트리트가 전 세계 금융업의 중심지가 된 것은 모두 J.P 모건의 덕택이고 현재의 연준 역할을 J.P 모건이 했다는 사실만으로도 영원히 존경받을 만하다.

1. GE를 에디슨과 동업으로 창업함으로써 금융업뿐만 아니라 전구를 비롯한 토마스 에디슨의 발명품을 상업화할 수 있는 기회를 만들어 준 점만으로 인류에 커다란 공헌을 했다. 어떻게 보면 전 세계 최초의 벤처캐피털리스트다.

2. 남북전쟁, 철도산업, 철강산업, 전기사업 등 그 시대가 필요한 물품들의 대중화를 위한 자본투자가로서 동물적 감각을 가졌다.

3. 산업 전반을 꿰뚫는 혜안을 가진 전략가다.

도널드 트럼프
모든 것을 다 가지려는
협상과 설득의 달인

2024년 선거유세 당시의 도널드 트럼프

미 45대와 47대 대통령인 트럼프는 3가지 사업을 통해 부의 제국을 만든 후 정치에 뛰어들었다. 바로 맨해튼 부동산 사업과 카지노 사업, 쇼 비즈니스 사업이다. 미 역사상 재선에 실패하고 다시 대통령이 된 2번째 대통령이자 최고령 대통령인 트럼프는 1946년 뉴욕 퀸즈에서 태어났다. 10대 시절에 트럼프는 아버지에게 부동산업 전반에 관한 과정을 보고 부동산업에 흥미를 느껴서 부동산 업자가 되겠다는 목표를 이루기 위해서 18살애 뉴욕 포덤대학교의 경영학과에 진학하게 된다. 이렇게 본격적으로 경영 공부를 시작한 트럼프는 2년 뒤 세계적 명성을 자랑하는 펜실베니아 경영대학인 와튼 스쿨에 편입한다.(이 와튼 스쿨은 일론 머스크도 다니게 되어 머스크와 동문이다) 와튼 스쿨에서 부동산 개발학과 첫 수업 시간에 교수에게 이 과목을 왜 수강했냐고 질문을 받았는데 이때 트럼프는 "저는 뉴욕 부동산업계의 왕이 되고 싶습니다." 이렇게 말했다. 그리고 실제로 그 꿈을 이루기 위해 본격적인 작업에 착수한다. 트럼프는 회고록에 이렇게 썼다. "대학 시절에 친구들이 신문에 만화나 스포츠 기사를 읽고 있을 때 나는 연방 주택관리국의 저당권 상실 명단을 살펴보곤 했었다. 정부에서 융자를 받았다가 저당권을 잃은 건물의 목록을 살피는 취미는 이상하게 보일지도 모르겠지만 내가 노린 적은 바로 이점이었다." 트럼프는 이렇게 또래 친구들과는 완전히 달랐다. 다들 놀 때 트럼프는 미래를 위해 노력을 했다. 저당권 상실 명단이란? 건물을 담보로 정부의 돈을 빌렸다 갚지 못해서 경매로 넘어간 건물들을 말하는데 이 명단을 들여다보면서 정부가 될 수 있으면 이 건물에서 빨리 손을 빼고 싶어 한다면 알 수 있고 그럼 이 건물들을 매우 싼 가격에 살 수 있다는 것을 깨닫게 된다. 그리고 이때 저당권 상실 리스트를 보는 트럼프의 눈에 들어온 곳이 하나 있었다. 바로 오하이오주 센시내티에 있는 1,200가구의 아파트 단지였는데, 이곳은 800가구나 임대가 되지 않아 비어 있었고 건축 업자가 망해버려서 정부가 저당권을 압류해 버린 상황의 단지였다. 트럼프는 이 아파트 단지를 아버지와 함께 600만 달러에 인수한 후 제일 먼저 80만 달러를 들여 대대적으로 리모델링했다. 트럼프는 향후 이것을 기본 전략으로 했는데 상대적으로 가치가 저평가된 곳을 찾아 리모델링 후 특유의 홍보 및 마케팅 능력으로 완판을 했다. 일단 저평가된 곳이나 물건을 찾기 위해서는 관찰력이 뛰어나야 하고 리모델링이나 개선할 점을 정확히 알고 상품성을 높일 방법을 찾아야 한다. 또한 엑시트 전략(출구 전략)이 완벽해야 하므로 전략적 사고가 필요하다. 이 점이 트럼프가 다른 사람들에 비해 뛰어난 점이다. 리모델링과 신문광고 등 적극적인 마케팅으로 임대자를 1년 안에 다 찾고 이후 트럼프는 이 아파트 단지를 1,200만 달러에 팔았다. 트럼프가 어린 나이에 리모델링

비용을 제외하더라도 520만 불의 수익을 벌여들였다. 우리나라 돈으로 액면가 약 72억 원 지금 화폐가치로는 약 200억 원을 대학생 때 벌었다. 물론 아버지 자금이라고는 하나 대단한 사업가적 수완이 있었다. 이 일은 뉴욕의 부동산 부자인 아버지가 사업을 둘째 아들인 트럼프에게 물려주는 계기가 되었다.

결국 1971년 트럼프는 25살의 나이로 아버지의 사업을 물려받는다. 기업명을 '더 트럼프 오거니제이션(The Trump Organization)'으로 짓고 트럼프는 자신의 성을 딴 트럼프 기업의 CEO로 등극한다. 이후 기업을 순조롭게 이끌어 나갔고 그 덕분에 1973년 1만 4,000여 채의 아파트를 아버지로부터 물려받게 된다. 당시 트럼프가 소유한 주요 아파트의 평균 월세가 한 250달러 정도 되는데. 지금 우리 돈으로 한 달 월세만 49억 원 정도를 벌었다. 지금 화폐가치로는 약 150억이다. 이것이 트럼프 성공의 초기자금이 되었다. 그냥 만족하고 살 법도 한데 29살쯤 트럼프는 사업가로서 언론의 주목을 받게 되는 대형 사업을 벌이게 된다. 뉴욕의 중심가인 42번가에 있는 한때는 유서 깊은 건물이었지만 이제는 낡을 대로 낡아버린 코모도 호텔을 세계 호텔로 변신시키는 작업이었다. 당시 코모도 호텔의 재정 상태는 심각한 상황이었다. 적자가 너무 심해서 수년 동안 재산세를 내지 못해 심지어 세금 미납액만 600만 달러에 이를 정도였다.

그럼 트럼프가 이런 다 망한 호텔에 투자하는 걸 보고 그 아버지를 뭐라고 했을까? 아버지 프레드 트럼프는 "코모도를 사겠다는 발상은 침몰하는 타이타닉 갑판에서 자리를 차지하겠다고 싸우는 것"과 뭐가 다르냐며 반대했다. 하지만 트럼프의 생각은 달랐다. 트럼프는 코모도 호텔의 위치에 주목했다. 뉴욕 중심가인 42번 인가와 파크애비뉴에 위치하고 그랜드센트럴 터미널이 인접해 있기 때문에 위치상으로 장래성이 있다고 결론을 내렸다. 그래서 트럼프는 자기 생각을 곧장 실행에 옮겼다. 호텔은 1,000만 달러에 구입하고 적어도 7,000만 달러 이상을 투자해서 대대적인 보수 공사에 들어갔다. 쉽게 찾아볼 수 없는 파격적인 방식으로 건물 외벽을 다 유리로 덮고 42번가를 한

눈에 내려다볼 수 있는 레스토랑을 만들었다. 그런데 당시만 해도 호텔을 경영해 본 적이 없었던 트럼프는 이 호텔을 경영할 적임자를 찾는데, 그런 트럼프의 눈에 들어온 기업은 거대 호텔 체인 중의 하나였던 하얏트 호텔이다. 위치가 좋아 각종 회의장으로 많이 이용될 수 있고 하얏트 호텔 입장에서도 아직 뉴욕에 간판을 내걸지 못한 상황이기 때문에 손해 볼 일이 없었다. 이렇게 트럼프와 하얏트 호텔의 계약이 성사되었다.

미국 뉴욕에 위치한 'HYATT'호텔의 외관과 고급스러움이 묻어나는 내부 모습

코모도 호텔은 1980년 9월 그랜드 하얏트 호텔로 새롭게 문을 연다. 첫날부터 대호황이었는데. 1974년 코모도 호텔은 룸 하나당 하룻밤에 평균 20달러 80센트였는데 개장 후에는 한 115달러 정도 받았다. 연간 총수익이 3,000만 달러에 달했다. 도시 한복판에 흉물로 남아 있던 거대한 호텔을 유명 호텔 체인으로 변신시키는 데 성공하면서 트럼프는 다음 세대에 젊은 사업가로 불리며 언론에 바로 뉴욕시로부터 대대적인

세금 감면 혜택을 받게 된다. 그것도 무려 40여 년간. 여기서 트럼프의 시대를 보는 눈과 설득과 협상의 대가라는 것을 알 수 있다. 어떻게 이런 일이 가능했을까? 왜 감세를 받았을까? 돈을 많이 버는데! 이 감세를 트럼프가 요구해서 성사시킨 배경을 알아보려면 당시 뉴욕이라는 도시의 상황이 어땠는지를 살펴봐야 한다. 1970년대 뉴욕은 높은 범죄도시로 악명이 높아서 1975년 뉴욕에서 일어난 폭력 사건은 15만 건이 훌쩍 넘을 정도였다. 지금 우리가 알고 있는 뉴욕의 화려한 모습과는 엄청 달랐다. 이것을 나중에 뉴욕시장으로 재직한 줄리아니 시장이 지하철 낙서를 지우고 사소한 경범죄도 엄격히 한 후 80년대 후반부터 질서를 찾은 것이다. 70년대 당시 이렇게 치안이 문제가 되자 뉴욕에 거주하던 중산층들은 교외로 모두 다 빠져나간다. 이 점을 트럼프는 도심재개발의 명분을 만들면서 시내 중심가에 건설과 서비스업 일자리를 창출하고 주변의 부동산 가격이 상승하면 뉴욕시는 충분히 더 이득일 것이라고 설득했다. 향후 "세기의 세금 거래"라고 일컬어지면서 뉴욕시 최대의 특혜라는 비난도 있었지만, 트럼프는 이 협상을 성사했다. 한마디로 트럼프는 모든 문제를 안에서만 바로 보는 게 아니라 밖에서 바라볼 줄 알았고 그런 그의 특징을 이 코모도호텔 재개발에서 유감없이 보여주었다! 이렇게 감면받은 세금 액수는 4,760억이지만 실질적 가치는 7,000억이 넘는다. 논란으로 문제가 되자 이에 대해 사람들이 어떻게 40년이나 되는 기간에 세금을 감면받았는지에 대한 질문에 트럼프의 반응이 어땠을까? "50년을 요구하지 않아서요"라고 진지한 질문에 유쾌한 농담으로 대꾸해서 논란을 무색하게 만들었다. 이런 태도는 논란을 제기하는 쪽에 전혀 대응할 거리를 만들지 못하게 해서 결국 논쟁에 승리하게 만들고 이건 트럼프의 놀라운 재능 중 하나로 자리 잡는다. 이렇게 맨해튼 한복판 부동산 재개발에 성공한 자신감을 몰아서 1983년 뉴욕을 상징하는 명소 중 하나이자 트럼프의 상징과도 같은 트럼프 타워를 짓는다.

트럼프 타워는 건물 입구와 외관만으로 바로 알아볼 수 있다.

트럼프 타워에서 가장 호화스럽고 화려한 펜트하우스.

　트럼프 타워는 높이 202m, 58층짜리 주상복합형 건물로 센트럴 공원이 한눈에 보이는 등 탁 트인 뷰로 유명하다. 당시 세계에서 가장 비싼 땅 중의 하나였던 맨해튼 한복판에 세워진 세계에서 가장 호화스러운 건물이라는 평가를 받은 건물이다. 토지 구매 비용이 1억 1,500만 달러, 현재가치로는 약 4,050억 원이 들었고 공시비는 당시 2억 $ 현재가치 8,100억 원이 들었다. 트럼프는 트럼프 타워를 맨해튼 어떤 빌딩보다 높이 올리는 데 집착했다. 1983년 당시만 해도 처음부터 뉴욕에서 가장 오픈 콘크리트 건물이었다. 그래서 명성을 위해 주변 건물의 공중권까지 매입했다.(공중권이란. 건물 위에예 토지와 건물의 상도 공간을 개발할 수 있는 권리를 뜻한다.) 이 같은 조치로 다른 부동산 개발 업자들이 트럼프 타워 주변에 더 높은 건물을 짓는 것을 사전에 차단해 버린다. 트럼프 타워의 조망권을 위해서 미래에 생길 분쟁과 말썽을 사전에 차단한 것이다. 악마는 디테일에 있다는 말은 트럼프를 염두에 둔 말일 정도로 트럼프는 전략적 사고에 능하다. 당시 아파트 분양 가격은 펜트하우스를 제외하고 최고 1,200만 달러, 원화로 따지면 저 168억 원인데 지금 화폐가치로는 500억 상당이다. 그렇게 비싸다 보니 당시 거물급 유명 인사들이 트럼프 타워에 거주했다. 스티븐 스필버그, 브루스 윌리스, 마이클 잭슨과 그리고 최근에는 축구 스타 호날두가 두 차례나 집을 샀다. 확실한 게 트럼프 타워에 살고 있으면 성공의 아이콘으로 만들어 놨다. 한국으로 치면 잠실 롯데타워에 거주하는 사람의 느낌을 준다. 그런데 트럼프 타워가 뉴욕의 랜드마크이자 부와 권력의 상징으로 자리 잡는 데는 트럼프의 판매 전략이 큰 역할을 한다. 트럼프는 수요공급의 법칙에 해박했다. 예를 들어 트럼프 타워를 사기 위해서 사람들이 많이 몰려들면 무조건 판매하는 것이 아니라, 사고 싶어도 못 사게 먼저 대기 명단에 기록하게 하고 기다리게 했다. 그래서 아파트가 사기 힘든 것처럼 보이면 보일수록 더 많은 사람이 원한다는 것을 꿰뚫고 결국 트럼프 타워는 기대 수준 이상으로 가격이 폭등했다. 여기서 승부사적 기질과 강심장을 엿볼 수 있다. 분양할 때 보통은 빨리 돈을 회수하기 위해서 분양업자는 일반적으로 "을"로 행동하지만, 오히려 트럼프는 반대로 "갑"처럼 행동했다. 이런 승부수들이 먹힐 때도 있지만 카지노 호텔을 하면서 큰 성공과 실패도 맛보게 된다. 이렇게 뉴욕에서 거침없는 성공 가도를 달린 트럼프는 1980년대 새로운 사업을 시작하면서 트럼프 제국을 확장한다. 트럼프의 이목을 사로잡은 새로운 사업은 바로 카지노였다. 이제 카지노 사업의 성공적인 론칭을 위해 뉴욕을 떠나 아틀랜틱시티로 향한다. 뉴욕 토박이이자 뉴요커인 트럼프가 아틀랜틱시티로 간 이유는 1977년 동부 지역에서는 유일하게 아틀랜틱시티가 도박을 합법화했기 때문이다. 이에 트럼프는 1982년 카지노 허가권을 따낸 후 1984년에는 트럼프 플라자 호텔 카지노를 1985년에는 카지노 트럼프 캐슬을 개장하면서 아틀랜틱시티 카지노 시장의 30%를 점유했다. 트럼프의 회고록에 따르면 트럼프 플라자호텔 카지노가 1985년 한 해 동안 벌어들인 수익이 5,800만 달러 전부 카지노 트럼프 캐슬이 1986년 한 해 동안 벌어들인 수익은 2억 6,000만 달러. 트럼프는 카지노 사업으로만 수억 달러를 손에 쥐게 된다. 그러면서 트럼프의 사업 능력도 다양한 방면으로 확장되어 간다. 지금은 트럼프의 아지트가 된 플로리다주의 마러라고 리조트를 1986년에 매입하고 88년에는 뉴욕 플라자 호텔을 약 4억 700만 달러에 매입한다. 1989년에는 이스턴에어라인셔틀 항공사를 약 3억 6,500만 달러에 매입하며 트럼프로 이름을 바꾸었다.

　　부동산 왕에서 카지노의 제왕을 거쳐 다사 다난한 일을 겪은 트럼프는 1990년대 중반이 되자 새로운 사업에 발을 들여놓는다. 이건 바로 쇼 비즈니스 사업이다. 먼저 96년 미스USA 조직위원회를 인수, 곧이어 미스 유니버스 조직위원회를 인수하여 본격 미녀 사업에 뛰어든다. 트럼프는 이것으로 그치지 않고 1999년에는 트럼프 모델 매니지먼트라는 모델 회사까지 설립한다. 트럼프는 이 사업이 돈이 될 거라고 판단했고 그 결과 매년 100만 달러에서 500만 달러 사이의 수익을 얻었다. 그리고 이때 트럼프는 모든 사업을 하면서 또 한 번의 사랑에 빠지게 된다. 바로 24살 연하의 슬로베니아 출신의 모델을 만나는데, 훗날 미국의 퍼스트 레이디가 되기도 하는 멜라니아와의 만남은 이렇게 이루어진다. 당시 트럼프의 비즈니스 파트너이자 모델 매니지먼트 사업을 하고 있던 한 지인이 패션 위크 파티를 주최했고 그 자리에 멜라니아가 초청을 받아서 1998년 11월 파티에서 처음 만났고 이번에도 트럼프가 바람을 피우면서 두 번째 부인 말라와 이혼하게 되고 2005년 트럼프는 세간의 뜨거운 화제 속에 멜라니아와 세 번째 결혼식을 올리게 된다.

여기까지는 트럼프의 성공담을 얘기했지만, 트럼프는 6번의 법인 파산 후 재기한다. 재기 후 대통령까지 오르게 되는데 우리는 이런 질문을 던져야 한다. '과연 트럼프가 한국이었다면 대통령이 될 수 있었을까?' 다시 한번 트럼프의 삶을 재정의하면 도널드 트럼프 47대 미국 대통령 당선인의 인생을 가장 많이 수식한 단어 중 하나는 '성공한 사업가'다. 미국 뉴욕 5번가 억만장자 거리에서도 가장 비싼 입지에 자리한 58층짜리 '트럼프타워'는 그를 상징적으로 보여주는 건물이다. 거대한 인공폭포와 번쩍번쩍한 순금 자재가 덧대진 화려한 내관이 인상 깊은 곳이다. 트럼프는 이 건물 꼭대기 3개 층 펜트하우스를 집으로 사용한다. 명품 주얼리 브랜드인 티파니 매장이 자리해 '티파니 코너(Tiffany's corner)'로 불리던 이곳에서 30대의 젊은 트럼프는 "이 블록을 통째로 사서 내 이름을 붙인 건물을 올리겠다"고 공공연하게 말했다. 실제 그는 1978년 티파니 인근의 11층짜리 백화점 부지를 사들인 뒤 초대형 복합 빌딩 개발 계획을 세웠다. 그러나 뉴욕시가 갑자기 그런 변화를 허용해 줄 리 없었다. 용적률 규제에 부딪힌 그는 기막힌 아이디어를 냈다. 7층 높이인 티파니 매장의 '공중권'을 사들이자는 것이었다. 용적률 제한만큼 건물을 높이 올리지 않았던 티파니로부터 '고층 증축을 할 권리'를 사들여 자기 건물에 적용하는 방식이다. 말 그대로 '허공'에 시장 가치를 부여한 셈이다. 그때부터 일상화된 공중권 거래는 전 세계 사람들이 눈에 담기 위해 몰려드는 맨해튼의 스카이라인을 형성했다. 언론은 트럼프를 "항상 과장된 용어를 쓰는, 타고난 장사꾼"이라고 평가했다. 실제 '장사꾼 기질'을 마음껏 발휘하던 시기였다. 증시가 급등하고 모두가 소비에 눈뜨던 1980년대 그가 손댄 건 카지노 사업이었다. 뉴저지주 '트럼프 플라자'를 시작으로 초호화 카지노를 잇달아 짓고, 내친김에 미식축구팀까지 인수해 구단주가 됐다. 그러나 1988년 뉴저지 타지마할 카지노를 인수한 이듬해 금융시장은 급격히 위축됐다. 첫 달부터 대출금을 갚지 못할 위기를 앞두고 누군가 350만 달러 규모의 칩을 산 뒤 홀연히 사라졌다. 꼭 갚아야 하는 원리금만큼이었다. 이 사건은 건설업자였던 그의 아버지 프레드 트럼프 쪽 인사의 도움으로 알려져 있다. '금수저'였기에 겨우 넘은 위기였다. 사업가로서 트럼프의 성공은 사실 여기서 끝이다. 1991년 새로 단장해 문을 연 '트럼프 타지마할 카지노'는 1년 만에 파산을 신청했고, 이후로 다른 카지노와 호텔도 줄줄이 문을 닫았다. 2009년 트럼프는 그룹 경영에서도 완전히 손을 뗐다. 여섯 번의 법인 파산 끝에 그의 손아귀에 남은 회사는 없었다. 코미디쇼에선 "뭐든 비싸게 사는 데 재능이 있는 인물"이라며 조롱의 대상이 됐다. 알려진 것보다 긴 어둠의 시간이었다. 그럼에도 2024년의 미국은 이 말도 많고 탈도 많은 인물을 대통령으로 또다시 선택했다. 성 추문 입막음 사건을 비롯한 수많은 '사법 리스크'도 지난 25일 미국 검찰이 항소를 포기함에 따라 일거에 해소됐다. 법치주의가 살아있는 국가에선 상상도 할 수 없는 일이다. 다만 기업가정신이 있는 이에게 꾸준히 재도전의 기회를 주는 국가였기에 이런 영화 같은 스토리가 가능하지 않았을까 하는 생각이 든다. 무리한 베팅이 법인 파산으로 이어졌음에도 트럼프는 경영 실패에 대한 '형사 책임'을 지지 않았다. 적법한 채무 조정 절차를 밟고 그룹의 오너십을 반납했을 뿐이다. 이후에도 '트럼프'라는 브랜드 라이선스는 인정돼 로열티 수익을 얻었고, 개인 파산은 하지 않았기에 펜트하우스 등 자신이 일군 재산도 지켜냈다.

만약 트럼프가 한국에서 같은 삶을 살았다면 어떤 일이 벌어졌을까? '잘못된 경영 판단으로 회사와 주주에게 손해를 끼쳤다'는 배임 혐의가 곧바로 그를 형사재판으로 끌고 갔을 것이다. 법인 파산 시 개인 재산은 보호하는 게 원칙이지만, 초호화 펜트하우스를 소유하는 건 국민 눈높이에 맞지 않으니 사재 출연으로 '죗값'을 치러야 했을지도 모른다. 심지어 망한 회사의 브랜드에 '로열티'를 허용하고, 실패를 수없이 맛본 경영인을 한 나라의 대통령으로 세운다는 건 더더욱 상상하기 어렵다. 따라서 우리는 실패를 용인하고 기업가 정신이 충분한 미국에서 사업을 해야 한다. 오늘날의 뉴욕을 만든건 자금조달의 용이성뿐만 아니라 엄격한 기준 잣대, 그리고 실패를 용인하는 분위기다. 트럼프가 성공한 것은 트럼프 본인의 노력과 재능도 있지만 이런 토양과도 무관치않다. 일론 머스크의 성공도 미국이라는 토대가 뒷받침해 주었음 물론이다. 아프리카에서 태어난 아이들은 무엇을 만들더라도 나무로 만든다. 그 이유는 주변에서 구할 수있는 것이 나무가 풍부하고 유일하기 때문이다.

이제 트럼프의 공과를 살펴보았으면 그의 협상과 설득에 대해 알아봐야 한다. 이것은 우리에게 실질적인 도움을 줄 수 있다. 첫 대통령 출마를 위한 공화당 전당대회에서 사회자 매건 켈리가 트럼프에게 공격적인 질문을 던졌다. "당신은 싫어하는 여자들을 이렇게 불렀어요. 뚱보 돼지, 개, 개으름뱅이, 역겨운 짐승이라고!" 일반적인 정치인이었다면 이 공격에 정치 인생이 끝났을 것이다. 여기서는 부인하는 것도 인정하는 것도 문제가 된다. 여성을 비하했던 말이 기록으로 남아 있기에 부인하면 거짓말쟁이가되고, 인정하면 자신이 성차별주의자라는 것을 대놓고 알리게 된다. 모든 언론이 그의실언을 퍼 나를 것이다. 질문 자체가 덫이었다. 하지만 트럼프는 이렇게 대처했다. "오직 로지 로도넬에게만 그랬죠!" 로지 오도넬은 민주당 편을 주로 드는 코미디언이었고트럼프가 후보로 출마한 공화당 진영에서는 싫어하는 인물이었다. 관중은 웃음바다가되었고, 사회자의 질문은 힘을 잃었다. 로지 오도넬이라는 답변은 시각적 이미지를 만들어냈다. 이름을 들은 관중은 로지 오도넬을 떠올릴 수밖에 없었고 관중은 공화당 사람이었다. 트럼프는 공화당 단일 후보로 꼽히기 위해 그들의 표가 필요했다. 로즈 오도넬은 지지층의 감정을 유도하기에 가장 적절한 인물이었다. 이렇게 관심을 자기가 불리한 쪽에서 농담거리로 승화시키는 능력은 재미와 반전 그리고 팬덤을 만들어 낸다. 연거푸 공격적인 사회자의 질문이 쏟아졌다. "그렇게 성질부리는 것이 대통령 후보로서 할 일인가요?" 이에 트럼프는 "제 생각에 이 나라의 문제는 정치적 올바름을 지키려 한다는 것이다. 여기에 쓸 시간이 나와 국가도 없다. 우리는 지금 위기다."

트럼프는 우위 전략을 사용했다. 정치적 올바름보다 더 중요한 것이 있다. 그건 미국이 겪고 있는 위기다. 미국의 생존이 더 중요하다고 말하면서 사회자의 질문을 하찮은 것으로 만들었다. 정치적 올바름은 분명 중요하지만 정치적으로 바르면 트럼프가 불리한 분야이기 때문에 트럼프는 더 큰 차원의 문제를 꺼내 들었다. 이것을 우위 전략이라 부른다. 이 토론으로 트럼프는 공화당의 유력 후보로 떠올랐다. 모든 언론의 관심이 트럼프에게 쏟아졌다. 무시하기에는 너무 재미있었기 때문이다. 트럼프는 공화당의 다른 16명의 경쟁자들을 재미없는 인물로 만들어 버렸다. 설득에 관한 베스트셀러를 집필한 스콧 애덤스는 이 토론을 보며 소름이 돋았다고 한다. 트럼프가 설득의 대가라는 것을 깨달았기 때문이다. 트럼프가 대통령이 되겠다고 했을 때 모두가 비웃었지만 스콧 애덤스는 트럼프의 설득 능력만 보고 그가 대통령이 될 것을 확신했다. 예상을 뒤엎고 트럼프가 대통령이 되었을 때 스콧 애덤스는 이를 예측한 설득 전문가로 인정받게 되었다. 설득을 모르는 사람이 보면 트럼프를 바보 미친놈이라 볼 수 있다. 그런데 설득을 아는 사람이 보면 그의 말 한마디가 전략적인 것을 알 수 있다. 트럼프 하면 떠오른 것은 미국과 멕시코 국경에 장벽을 세울 거라고 떠벌리는 것이다. 상식적으로 장벽을 국경 전체에 세우는 것은 미친 짓이다. 비용이 천문학적으로 들기 때문에 가장 효율적인 해결책은 철조망이나 디지털 감시 체계를 구축하는 것이다. 트럼프가 정확성을 노렸다면 국경 보안을 얘기할 때 여러 종류의 해결책이 있다고 언급했을 것이다. 하지만 그는 자세한 내용은 얘기하지 않고 그저 장벽이라 얘기했다. 그러자 언론과 대중들은 즉시 장벽을 세우는 건 말이 안 된다고 논쟁을 벌였다. 사업 비용을 추산했고 전국경의 장벽을 건설할 수 없다고 비난했다. 트럼프가 미친 듯이 어리석다고 말했다. 그런데 장벽을 건설하겠다는 트럼프의 오류에 집중하다 보니. 어느 순간 국경 보안이 중요한 쟁점으로 떠올랐다. 사람은 많이 생각하는 것을 중요한 것으로 생각한다. 비합리적이게도 사람은 많이 생각하는 것을 중요한 것으로 생각한다. 설득에 대하는 팩트가 아니라도 논리가 맞지 않더라도 사람들이 관심을 가지게끔 화제를 이끌어야 한다는 것을 트럼프도 알고 있다. 그가 말한 장벽은 물리적인 의미가 아니라 철조망부터 디지털 감시 체계를 포함하는 추상적인 의미였다. 하지만 트럼프는 표현을 바꾸거나 부연 설명을 하지 않았다. 그 이유는 사람들이 알아서 자신의 쟁점에 주목해 주기 때문이다. 『승리의 기술』(스콧 애덤스 저)은 트럼프의 전략을 이렇게 요약한다. 1. 방향은 적절하지만, 사실적 오류가 있거나 과장이 심한 주장을 해라! 2. 사람들이 오류나 과장을 밝혀내고 오랫동안 그 주장이 얼마나 잘못된 것인지 검증하는 데 시간을 쏟도록 기다려라! 머릿속에 가장 큰 비중을 차지하는 것이 비합리적이게도 우선순위 상위에 있는 것처럼 우리는 느낀다. 사람들이 장벽을 화제로 삼을 때마다 트럼프는 중요한 인물로 자리 잡았다. 사람들은 트럼프를 꼰대 멍청한 바보라도 불렀지만, 그가 국경과 국가 보안을 중시한다는 이미지가 점점 굳게 남았다. 설득에 있어서는 팩트는 덜 중요하다. 중요한 건 '상대의 머릿속에 무엇을 남기는가?'이다.

트럼프는 대통령이 되고 나서는 자신이 말한 정책을 방향은 유지하면서 강도는 낮춰 불법 이민자 모두를 추방한다고 말했지만, 대통령이 되고 나서는 범죄를 저지른 이민자만 추방했다. 장벽은 본보기로 살짝 세웠을 뿐이라 이에 사람들은 안도했다. 초기에 내놓은 정책이 너무 폭력적이어서 약화된 정책을 사람들은 받아들였다. 이런 것을 앵커링이라고 하는데 초깃값을 지나치게 높게 불러서 최종 가격을 받아들이도록 하는 것이다. 우리가 트럼프로부터 확실하게 배워야 할 점은 우위 전략이다. 이것만 제대로 익히면 여러분의 설득 실력은 한 차원 높일 수 있다. 만약 상대가 내 행동을 기대한다면 어떻게 행동해야 할까? 상대도 나랑 비슷하게 나쁜 행동을 했는데도 말이죠. 보통 사람이라면 이렇게 대응한다.

A : "당신 쪽은 길거리 폭력 해결의 성과를 보지 못했어요."

B : "어 그쪽도 실패했다는 사실을 잊은 모양이군요".

둘 다 바보처럼 덤앤 더머처럼 바보처럼 보인다. 자, 이제 우위 전략을 사용해 보자. 우위 전략이란 상대를 유치한 애로 보이게 하고 나를 그릇이 큰 어른으로 보이게 하는 기술이다.

A : "당신 쪽은 길거리 폭력 등을 만드는 성과를 보이지 못했어요."

B : "동의합니다. 다행히 우리는 그로부터 많은 걸 배웠습니다. 여러 도시에서 다양한 방식의 접근법을 실험했고 그중 효과적인 방법들이 있었습니다. 가장 좋은 방법을 찾아 시도하고 다른 도시에 같은 방법을 쓸 수 있는지 볼 예정입니다."

A는 불평만 할 줄 아는 아이가 되었고, B는 시간을 두고 문제 해결법을 찾으려는 어른이 되었다. 논쟁의 단계를 높여 맥락을 바꾸고 내가 우위를 선점하는 것이다. 트럼프가 정치적 올바름을 건너뛰고 국가의 생존을 얘기했던 것처럼 말이다! 정치적 올바른 측면에서 그는 실격 처리가 돼야 하지만 그는 대통령이 되었고 전 세계를 트윗 몇 번으로 흔들었다. 말하고 싶은 건 트럼프는 멍청한 게 아니라 지나치게 영리하다는 것이다. 이렇게 설득 전략을 알고 봐야 트럼프를 제대로 평가할 수 있다. 우리는 흔히 인간은 합리적인 존재이고 가끔 비이성적으로 행동한다고 믿는다. 하지만 진실은 반대다. 인간은 대부분 비이성적이고 가끔 이성적으로 행동할 때가 있다.

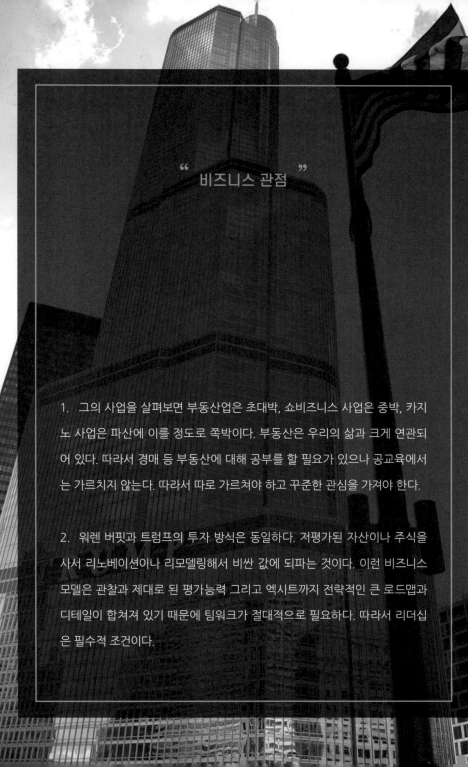

"비즈니스 관점"

1. 그의 사업을 살펴보면 부동산업은 초대박, 쇼비즈니스 사업은 중박, 카지노 사업은 파산에 이를 정도로 쪽박이다. 부동산은 우리의 삶과 크게 연관되어 있다. 따라서 경매 등 부동산에 대해 공부를 할 필요가 있으나 공교육에서는 가르치지 않는다. 따라서 따로 가르쳐야 하고 꾸준한 관심을 가져야 한다.

2. 워렌 버핏과 트럼프의 투자 방식은 동일하다. 저평가된 자산이나 주식을 사서 리노베이션이나 리모델링해서 비싼 값에 되파는 것이다. 이런 비즈니스 모델은 관찰과 제대로 된 평가능력 그리고 엑시트까지 전략적인 큰 로드맵과 디테일이 합쳐져 있기 때문에 팀워크가 절대적으로 필요하다. 따라서 리더십은 필수적 조건이다.

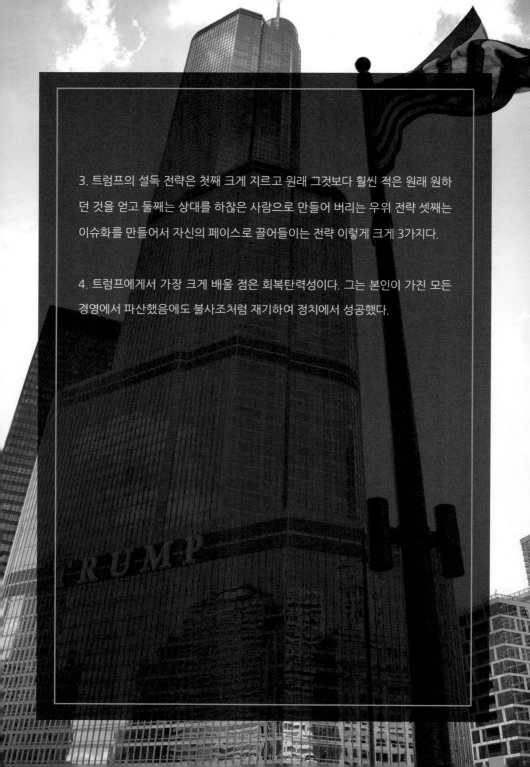

3. 트럼프의 설득 전략은 첫째 크게 지르고 원래 그것보다 훨씬 적은 원래 원하던 것을 얻고 둘째는 상대를 하찮은 사람으로 만들어 버리는 우위 전략 셋째는 이슈화를 만들어서 자신의 페이스로 끌어들이는 전략 이렇게 크게 3가지다.

4. 트럼프에게서 가장 크게 배울 점은 회복탄력성이다. 그는 본인이 가진 모든 경영에서 파산했음에도 불사조처럼 재기하여 정치에서 성공했다.

일론 머스크
지금까지 없었던 새로운 인간 유형

일론 머스크는 2024년 기준 부자 순위 1위이다.

일론 머스크라고 하면 어떤 단어가 떠오르는가? 인류의 구원자 혹은 사기꾼, 세상을 바꾼 미친놈, 세계 최고 부자 이외에도 수많은 별명을 가지고 있어서 사람마다 떠올리는 게 다를 것이다. "화성은 태양계에서 생명체가 다중 행성 종이 될 수 있는 유일한 장소이다"라는 말로도 유명하다. 실제로 일론 머스크는 화성으로의 이주를 원하고 계획하고 있다. 일론 머스크는 현재 인류는 두 가지 선택지를 가졌다고 주장하고 있다. 하나는 지구에 머물다가 멸종하는 것 하나는 여러 행성에서 번성하는 다행성 종이 되는 것이다. 어떤가? 여러분은 일론 머스크가 사기꾼이라고 생각되는가? 아니면 인류의 구원자가 될 괴짜라고 여겨지는가? "저는 전기차를 재창조했고 지금은 사람들을 로켓선에 태워 화성으로 보내려 하고 있습니다. 그럼, 제가 차분하고 정상적인 친구일 것이라 생각하셨나요?" 이 말은 일론 머스크가 직접 한 말이다. 일론 머스크는 1971년 남아공 프리토리아에서 태어났다. 집은 상당히 부유한 편이어서 대부분 일론의 집이 화목했을 것이라 생각하는데 정반대였다. 일론은 아버지 에롤을 쓰레기 악마와 같은 단어로 표현할 만큼 사이가 좋지 않다. 그런데 실제 악마 같은 면모가 있기는 하다. 친딸은 아니지만 재혼하고 네 살 때부터 기른 딸과 아이를 가진다던가 정당방위이긴 했지만, 총으로 사람을 쏴 죽이기도 했으니까. 다른 건 다 제쳐두고 적어도 일론에게만큼은 에롤은 악마였다. 어릴 때 소심하고 체격이 작았고 거기다 공감 능력이 떨어졌던 일론은 학교에서 많이 맞고 다녔는데 에롤은 오히려 일론을 때린 아이의 손을 들어줬다. 참고로 일론과 에롤의 싸움은 현재까지도 이어지고 있다. 실제로 만나지는 않지만, 인터뷰를 통해 험한 말들을 주고받는다. 아버지의 강압적인 태도와 더불어 괴짜 같은 성격, 작은 체격으로 일론 머스크 청소년기는 그렇게 행복하지 못했다. 유아기부터 성인이 되기 전까지의 일론은 주변 사람들과 어울리지 못했다. 부모님의 이혼도 한몫했고 학교에서는 공부는 잘했지만 조금 이상한 면이 많은 아이였다. 성적표에는 '몽상에 빠지거나 하지 말아야 할 것을 하느라 학업 속도가 극도로 느림, 무엇이든 끝까지 마무리하는 경우가 거의 없음. 수업 시간에 공상에 빠지지 않도록 수업에 집중하도록 지도 요망' 같은 말들이 쓰여 있다. 일론은 딱 두 과목에서만 성적이 안 좋았는데 바로 아프리칸스어와 종교였다. 일론은 "나는 무의미하다고 생각되는 일에는 그다지 노력이 기울이지 않았어요."라고 말했다. 심리적으로 불안한 일론에게 유일한 안식처는 책이었다. 시간이 난다면 하루 종일 책을 읽었는데 특히 SF 소설에 깊이 빠졌다. SF 소설은 자연스럽게 컴퓨터와 게임에 대한 흥미로 이어지게 된다. 그래도 아버지가 돈은 좀 벌었기에 일론에게는 컴퓨터가 있었다.(이 점이 무척 중요한데 빌 게이츠도 또래 애들보다 무려 5년 이상 먼저 컴퓨터를 접하고 노동자 의붓아버지를 둔 스티브 잡스도 아버지의 헌신적인 도움으로 컴퓨터를 남들보다 이른 시기에 접했다. 성공은 재능을 꽃피울 수 있는 환경과 기회의 제공이라는 말콤 글래드웰의 주장이 옳다) 열두 살 때 일론은 프로그래밍을 독학해 게임을 만들어 판매하기도 했다. 게임에 빠진 이상한 아들, 당연히 일론의 아버지가 일론을 마음에 들어 할 리가 없었다. 칼을 뽑은 것은 일론이다. 17살이 되던 해 일론은 집에서 나가야겠다고 생각한다. 처음에는 미국 시민권을 얻으려고 했으나 거부당해서 성인도 되지 않은 나이에 일론은 홀로 어머니가 태어난 나라 캐나다로 떠난다. 캐나다에 도착한 일론은 뉴스호스텔에서 여러 명과 함께 방을 쓰면서 살기 시작했다. 온갖 잡일을 하면서 악몽 같은 나날들을 보내기 시작했다. 이쯤 메이 머스크와 여동생 토스카 머스크도 캐나다로 넘어온다. 셋은 침실 1개짜리 아파트에서 지낸다. 메이는 모델 에이전시에서 근무하며 일주일에 4일씩 야근을 했고 몇 달이 지나자 그래도 돈이 좀 모였다. 좀 더 넓은 아파트로 이사를 하게 되었지만, 가난한 것은 여전했다. 캐나다에는 아는 사람도 딱히 없으니 일론은 책을 읽거나 컴퓨터를 하며 모든 시간을 보냈다. 그렇게 어느 정도 일반적인 가정의 모습을 갖추자 일론은 캐나다 퀸스 대학에 진학하게 된다. 하지만 일론에게 퀸스 대학은 지루할 뿐 무엇보다 일론의 당초 목표는 미국이었다. 그러던 중 퀸스 대학에서 같은 나이의 학생이 미국 펜실베니아 대학에 편입하는 것을 보고 이거다 싶어서 바로 도전한다. 하지만 돈이 문제였다. 아버지는 한 푼도 지원해 주지 않았고 메이 머스크는 생계를 위해 쓰리잡을 뛰고 있었기 때문이다. 그래도 죽으라는 법은 없는지 일론은 학자금 대출 승인을 받게 되면서 펜실베니아 대학으로 간다. 펜실베니아는 우리가 흔히 말하는 아이비리그에 속하는 최상위권 명문대학이다.(여기서 우리가 일론에게 배울 점은 '큰물에서 놀아라!'다. 이 펜실베니아 대학동문으로 나중에 트럼프와 끈끈한 인맥을 맺는다)

펜실베니아 대학에 들어간 일론은 점점 지금의 모습을 갖추기 시작한다. 전기차에 관심이 생기고 세계를 어떻게 하면 바꿀 수 있을지? 그리고 어떻게 하면 내가 주역이 될 수 있을지 고민하기 시작했다. 90년대 아이비리그의 학생들은 둘 중 하나였다. 월

스트리트의 은행이나 법조계로 가서 양복 입은 부자를 꿈꾸거나 실리콘밸리로 가는 것이다. 일론은 월 스트리트에서 제안이 들어왔지만, 은행가나 변호사가 사회에 기여하는 바가 크지 않다고 생각해 거절한다. 일론은 스탠퍼드 대학원에 들어가 전기차의 전력에 공급할 방법을 연구하고 싶어 했다. 실제로 합격했다면 보통 사람이라면 진학했을 테지만 일론의 마음속에는 또 다른 생각이 들기 시작한다. 인류에게 진정으로 영향을 미칠 수 있는 것이 무엇인가? 일론은 스스로 "인터넷, 지속 가능한 에너지, 우주여행"이라고 답한다. 박사 과정이 나쁘지는 않지만 일론의 머릿속에선 '박사 학위는 무의미하다.'는 생각이 지배하기 시작하는데 이유는 간단하다. 박사 학위를 가진 사람들 대부분이 사회 변화를 불러오지는 않는다는 것이다. 거기다 당시는 물결이 일던 시기였다. 인터넷 물결, 즉 정보화 혁명이 밀어닥치고 있었다. 실질적인 기능을 못해도 구색을 갖춘 홈페이지를 가지고 있다는 이유로 하루아침에 부자가 되는 일도 일어나던 시기다. 일론 머스크는 학위와 안정적인 직장을 버리고 리스크를 감수하며 돈과 꿈을 좇기로 한다. 하지만 집은 가난했고 사귈 수 없는 젊은이를 후원하려는 사람은 많지 않았다. 일론이 구상한 아이디어는 간단했다. 전화번호부를 온라인화하겠다는 것이다. 사업체 전화번호부를 검색할 수 있도록 인터넷에 올리고 사업체 가는 길을 알려줄 지도 소프트웨어와 결합하는 것이었다. 지금 들었을 때는 간단하고 당연하지만 당시에는 아니었다.

일론은 6개월 동안 사무실에서 잠을 자고 근처 YMCA에서 샤워하며 빈곤한 창업을 시작했다. 온종일 코딩을 하다가 베개도 침낭도 없이 바닥에서 잠을 자는 게 일상이었다. 이때 도움을 준 게 아이러니하게 아버지 에롤이었다. 에롤은 일론에게 현금 2만 달러와 자동차까지 선물해 주었다. 어머니 메이는 돈과 함께 음식과 옷을 가져다주었다. 사업에도 진전이 있었다. 지도 데이터베이스를 보유한 회사인 나브텍은 일론이 수익을 낼 때까지 무료로 라이선스를 제공해 주기로 약속한다. 그렇게 어느 정도 회사의 모습을 갖추고 '원하는 곳으로 나아가라'는 의미에서 회사 이름을 집투(zip 2)라고 짓는다. 일론의 첫 회사다! 시대도 발전했다. 집투 서비스도 "그게 필요하냐?"에서 이제는 "필요해"로 바뀌어 투자사들의 투자도 들어오고 수익도 나기 시작했다. 집투가 출범한 지 4년이 지나지 않은 1999년 컴팩 컴퓨터가 현금 3억 700만 달러를 제시했다는 소식이 전해져 회사를 사겠다는 제안이 들어왔다. 그렇게 27살의 일론은 2200만 달러를 손에 넣게 돼서 백만장자가 된다. 3년 전만 해도 바닥에서 잠을 자던 일론은 50평짜리 콘도에서 맥라렌 F1 스포츠카를 몰게 되었다. 그래도 돈이 1000만 달러 넘게 남아 있었다. 보통 사람 같으면 부동산에 사서 월세를 받을 것 같은데 다음 사업을 구상했다. 일론의 다음 사업은 금융이었다. 엑스 닷컴(X.com)이라는 이름으로 회사를 만들고 1,200만 달러를 회사에 넣는다. 모든 거래를 실시간으로 안전하게 하는 방법을 고안하고 싶어 했다. 한마디로 지금 우리가 쓰는 카카오페이 같은 핀테크이다. 하지만 사람들은 일론을 떠나기 시작한다. 일론은 돈이 있었음에도 처음처럼 일을 했고 자신뿐만 아니라 주변 사람들에게도 강요했다. 미친 듯이 타이트한 일정을 잡고 아예 회사에 살면서 일을 하는 방식이었다. 직원들은 고통스러웠지만, 성공도 가져왔다. 이제는 성공 경력도 생긴 일론이었기에 벤처캐피털의 빵빵한 지원을 등에 업고 X 닷컴은 날개를 달게 된다. 그런데 문제가 하나 있었다. 이 아이디어를 일론만 떠올린 게 아니었다는 것이다. 컨피니티라는 회사가 있었다. 이대로 가다가는 둘 중 하나만 살아남고 하나는 죽어버리는 게 뻔한 상황이었다. 검색할 수 있도록 선택은 합병이었다. 컨피니티 CEO를 만나 회사를 합병한다. 그렇게 회사 페이팔이 탄생했다. 문제는 일론이 누구와 잘 어울리고 함께 일하기 좋은 사람은 아니라는 것이다. 회사 내에서도 아웃사이더가 되었고 컨피니티의 운영진들과 갈등은 점점 심해졌다. 회사가 적자를 보니 컨피니티 측으로서는 수입을 내고 싶어 했지만 일론은 산업 전체를 개편하는 큰 흐름을 원했다. 결국 일론은 자신이 창업한 회사에서 쫓겨나게 된다.(이 점은 스티브 잡스와도 같다. 이렇게 쫓겨난 경험은 사람을 성숙하게 하거나 깨닫게 한다) 쫓겨난 후 일론은 할 게 없었다. 원래 하고 싶었던 비행을 배우면서 새로운 꿈을 찾아다닌다. 이때 화성에 관한 관심도 생기게 된다. 페이팔은 나스닥에 상장하게 되었고 2002년 이베이가 페이팔을 인수하면서 일론은 2억 5천만 달러를 손에 쥐게 된다. 사실 평생 놀고먹을 수 있는 돈이지만, 일론은 에너지와 전기차 그리고 우주로 눈을 돌린다. 당연하지만 제일 먼저 찾아간 곳은 러시아였다. 로켓을 사기 위해서였는데 러시아는 일론에게 로켓값으로 엄청난 돈을 요구한다. 사실 살 수는 있었지만 당연하지만 바보 지수를 통해 로켓을 사면 안 되겠다고 생각한다. 바보 지수는 완제품이 재료비보다 얼마나 더 비싼지 계산하는 것인데 개발할 방법이 없었다. 비행기에서 바보 지수를 계산한 일론은 내가 만드는 게 낫겠다는 생각을 한다. 그렇게 스페이스 X가 탄생한다. 주변 사람들은 "러시아 놈들한테 엿 먹었다!를 로켓 발사 회사를 만들어야 한다는 것으로 연결할 필요는 없잖아"라는 말을 했지만 일론의 고집은 막을 수 없었다. '로켓을 쏜다'는 엄청난 기술력과 돈이 드는 일을 국가도 아니라 민간기업이 한다니! 주변인은 고사하고 온갖 언론에서 조롱이 따라왔다. 심지어 발사까지 3천만 달러에 해결한다는 본다는 말을 하자 사실상 미친놈 취급을 받았다. "일론은 사기꾼이다"라는 말이 돈 것도 이때쯤부터였다. 언뜻 듣기에 "얼마에 로켓을 쏜다. 이렇게 하면 비용을 절감할 수 있다"라는 말들은 언론에 시선을 끌기 위해서 그리고 투자를 받기 위해서처럼 들렸다. 하지만 일론이 비용이 주목한 이유는 따로 있었다. 애당초 일론의 꿈은 화성에 사람을 이주시키는 것이기 때문에 효율이 중요했다. 이 와중에 일론은 전기차에도 관심을 가진다. 지금이야 어느 정도 상용화가 되었지만, 당시 전기차는 "굳이 왜?" 같은 느낌이었다. 모두가 필요성은 느끼고 있었지만, 전기차가 상용화될 수 있다는 것에는 많은 사람이 의심을 품었다. 게다가 누구도 전기차를 타고 싶어 하지 않았다. 모든 회사는 소형 전기차를 연구하고 만들고 있었는데 중저소득층은 환경이고 뭐고 중고 시장에 있는 어디에서나 연료를 충전할 수 있는 자동차를 쓰고 부자들은 소형 자동차를 살 이유가 없었다. 그래서 일론은 테슬라를 창업하고 소형차가 아닌 디자인과 기능에 중점을 둔 스포츠카를 만든다. 스페이스 X, 테슬라까지 두 회사를 모두 경영하던 억만장자 일론에게도 위기를 찾아온다. 엄청난 돈과 시간 노력을 들여 만든 스페이스 X의 팰컨 1호는 1차, 2차, 3차 발사까지 모두 실패하고 테슬라도 공개를 했지만 계산해 보니 원가가 판매가보다 비쌌다. 뭐 그래도 여기까지는 계속해서 투자를 받고 도전하면 되었지만 2008년 대공황까지 찾아온다. 테슬라, 스페이스 X 두 회사 모두 재정난에 허덕이기 시작했다. 사실상 스페이스 X의 네 번째 발사가 마지막 기회였다. 네 번째 발사가 실패하면 스페이스 X는 폐업이나 다름없었다. 결과는 성공! 일론은는 겉으로 멀쩡한 척을 했지만, 발사를 진행하는 과정 내내 토할 정도로 속이 뒤틀렸다. 성공한 후에도 기쁨이 느끼기 힘들 정도였다. 시간이 좀 지난 2008년 12월 일론에게는 전화 한 통이 걸려온다. 나사의 우주비행 책임자 빌 거스턴 마이어는 전화 요청에서 우주정거장을 12회에 왕복하는 임무에 대한 16억 달러 규모의 계약이 스페이스 X에 돌아갈 것이라는 소식을 전한다. 일론은 "사랑한다"는 말과 함께 컴퓨터 비밀번호를 'ilovenasa'로 바꾼다. 그렇게 나사와 협력을 시작하면서 스페이스 X는 안정적인 사업에 향유하게 된다. 2015년에는 팰컨9의 로켓을 위성을 궤도에 진입시킨 뒤 추진체 로켓을 그대로 회수하는 말만 들어도 '이게 된다고?' 하는 일을 인류 최초로 성공한다. 추진체 로켓을 회수하면서 로켓 발사는 일론이 처음에 꿈꾸었던 대로 이전과는 비교도 안 될 정도로 비용이 줄어들었다. 그럼 테슬라는 어떻게 되었을까? 다 알고 있겠지만 테슬라도 정상화 아니 세계 최고의 전기자동차 하나로 우뚝서게 되었다. 극심한 적자로 매각까지 고려했던 테슬라의 공장을 재설계하고 부품들이 직접 생산해 내면서 비용 절감에 성공한 데다가 전기차의 상용화도 이루어지기 시작했다. 테슬라는 상장까지 성공하고 사업에 필요한 몇 십조 단위의 자금을 조달받게 된다. 일론은 사람들을 모아놓고 건배사를 외쳤다. "엿 먹어라 석유!" 일론은 세계 1위의 부자가 되었고, 47대 대통령선거에서 모든 것을 걸고 트럼프를 지원함으로써 트럼프 당선의 1등 공신이 되었다. 그가 미국의 효율성을 위한 정부효율부(Department of Government Efficiency-DOGE)행정부서의 책임자로 임명되면서 한 말이 있다. "아직

F35 만드는 멍청이들…"

　그는 자신에게 유리한 싸움판으로 만드는 데 천부적인 소질이 있다. 1대당 1,300억이 넘는 전투기보다 100만 원짜리 드론이 더 효율적이라는 얘기다. 만약 그가 전기차가 아니라 내연기관차에 손댔다면 절대 전통의 명문 자동차 기업을 뛰어넘을 수 없었을 것이다. 그 이유는 기존 자동차의 성능은 엔진에서 판가름나는데 일론에게는 이런 기업을 인수할 자금도 개발능력도 없었다. 또한 전기차는 기존 자동차들보다 부품이 3분의 1이나 적게 들어간다. 따라서 단시간에 성공궤도를 올라갈 수 있었다. 이렇게 싸움판을 고르는 능력과 자기에게 유리하게 이끌어 가는 능력은 탁월하다.

트럼프와 일론 머스크는 어떤 점에서는 같으면서도 다르다. 폭군적인 면이나 남을 설득시키는 데 있어서는 둘 다 탁월하지만 일론은 좀 더 공학적으로 접근한다.

1. 모든 것은 선 축적 후 발산이다. 일단 지적으로 일론은 엄청난 독서광이고 명문 와튼스쿨을 졸업하고 스탠퍼드에 합격할 정도의 두뇌와 지적 능력을 갖추었고 코딩과 알고리즘 등 컴퓨터나 인터넷 등 모든 첨단 기술에 해박하다.

2. 일론의 가장 큰 특징은 편집증적인 집착이다. 오직 관심이 있는 하나에만 몰두하고 다른 것은 철저히 무시한다. 물론 앤드루 카네기도 집중력을 성공의 근본으로 꼽았지만 일론의 집중력은 병적이다.

3. 일론 또한 싸움판 고르는 데 귀신같은 능력을 지녔다. 베트남의 호찌민 장군의 3불 전략과 맥이 맞닿아 있는데, 적이 원하는 장소, 방법, 시간이 아니라 이 모든 게 나한테 맞춰서 싸운다.

4. 체면이나 허례허식이 아닌 효율성 자체가 바로 일론 머스크다. 10년 이상 같이 일했던 비서가 임금인상을 요구하자 일주일 휴가를 보내 놓고 큰 타격이 없자 해고했다는 일화는 유명하다.

쿠사마 야요이
마케팅 천재 96살 소녀

일본의 아티스트 쿠사마 야요이

우리는 모두 성공을 꿈꾸고 있다. 흔히 최선을 다해 노력하고 있다고 말한다. 그런데 그 노력의 한계는 어디까지일까? 얼마큼 해야 최선을 다하는 것일까? 이 시대 최고의 예술인 쿠사마 야요이를 통해서 그 답을 찾아보자. 그녀는 지금의 입지를 위해서 어떤 노력을 했을까? 쿠사마 야요이는 일본 현대 아트계의 중심인물이자 세계적으로도 저명한 예술가다. 쿠사마 야요이는 2025년 현재 96세의 나이로 정력적으로 제작 활동을 계속하고 있으며, 그 작품은 경매에서 종종 고액 낙찰되는 등 국내외에서 매우 높은 인기를 자랑하고 있다. 최근에는 메가스터디의 1타 수학강사 현우진의 수집 컬렉션에도 목록에 올라 화제가 되기도 했다. 무한히 증식해 가는 물방울 모양이나 그물 모양, 호박 등을 주요한 모티브를 강렬한 색채로 그려냄으로써 독자적인 환시적이면서도 독자적인 세계를 구축하고 있다. 국내에는 야외 조각 이나 굿즈 등도 존재하기 때문에 누구나 그 작품을 한 번쯤은 봤을 것인데 특히 파라 다이스 호텔에 전시되어 있다.

쿠사마 야요이의 작품 호박

성장과정을 살펴보면 쿠사마는 21살까지 일본 전통 미술학교에서 일본회화를 공 부했다. 그런데 시키는 대로만 해야 하는 당시 교육 방식은 질려서 토할 것 같았다고 쿠 사마는 회고한다. 그 때문에 자유로운 프랑스에 가서 공부해야겠다는 생각을 했고 프 랑스에 편지를 쓰는데, 놀랍게도 편지를 받는 사람은 프랑스 대통령 르네 코티(Rene Coty - 1954년~1959년 프랑스 제4공화국의 두 번째 대통령이자 마지막 대통령)였다. 나중에 또 알게 되겠지만 쿠사마의 성공 요인에는 편지가 있었다. 자신이 필요하다고 생각하면 언제 어디서든 그 누구에게라도 편지를 쓴다.(그 당시 연락수단이 편지밖에 없다고 했을 때 그녀는 어떻게든 본인이 할 수 있는 모든 방법을 동원해서 어떻게든 원 하는 것을 얻어내는 성정을 가지고 있다) 신기하게도 프랑스 대통령의 답장도 받았다. 그런데 막상 불어 공부가 어려워서 고민을 하게 되던 어느 날 헌책방에서 미국에서 유 명한 여류화가 조지아 오키프의 화집을 발견한다. 당시 조지아 오키프는 나이가 67세 쿠사마는 27살이었다. 오키프 화집을 수없이 보던 쿠사마는 이번에는 미국으로 유학 을 결정하고 오키프에게 도움을 요청하는 편지를 쓰려고 했지만, 화보집을 아무리 봐도 오키프의 주소는 없었다. 쿠사마는 단지 이 주소를 알기 위해서 집에서 6시간 걸려서 도쿄에 있는 미국 대사관을 찾아간다. 그리고 거기서 또 긴 시간 인명 사진을 뒤져서 마침내 오키프의 주소를 찾아냈다. 그리고 또 편지를 쓴다. 자신의 수채화 몇 점과 함께 보낸 편지의 내용은 대략 이렇다. "제가 우연하게 오키프님의 화보집을 구했습니다. 그리고 꿈같이 환상적인 작품을 매일매일 보고 있습니다. 저도 당신 같은 훌륭한 작업을 하는 예술가가 되고 싶습니다. 제가 만약 미국으로 유학을 간다면 제가 어떻게 해야 하는지 당신의 의견을 듣고 싶습니다."

스스로 자신감이 넘치거나 아니면 궁지에 몰려서 어쩔 수 없는 절박함에 빠져 있을 때만 이런 편지를 쓰게 된다. 쿠사마는 이 두 가지 경우가 다 해당되었다. 당시 남편을 잃고 외로운 처지였던 오키프는 친절하게 쿠사마의 편지에 응답을 한다. 쿠사마의 간절한 설득력이 오키프의 마음을 움직인 것이다. 다음은 오키프의 답장이다.

"당신의 편지를 잘 받았습니다. 그런데 미국에서도 예술가로 살아가기는 쉽지 않습니다. 그러나 만약 미국에 온다면 도와드리겠습니다. 그리고 미국이 올 때는 그동안 그린 그림을 가져오셔야 합니다. 미술 전문가에게 작품을 보여줘서 스폰서를 찾으십시오."라고 친절히 알려주었다. 이 편지 하나 때문에 쿠사마는 미국으로 가게 된다. 이것이 오늘의 쿠사마를 있게 한 것이다. 여기에서 보듯 우리의 삶은 '주변에 누가 있느냐'에 모든 게 달려 있다. 우리의 삶은 환경이 지배하지만 이처럼 쿠사마는 스스로 환경을 개척해 나갔고 이것이 쿠사마 성공의 1단계가 된다. 그런데 당시 일본에서도 미국으로 유학을 가는 것은 쉽지 않았다. 우선 유학은 보증인이 있어야 하고 또 정부의 추천도 받아야 한다. 그래도 쿠사마는 거짓말로 미국 유명 갤러리에 전시가 예약돼 있다고 정보를 속이고 보증과 추천을 다 받아낸다.(여기서 쿠사마의 두 번째 성공 요인 목적을 위해서라면 수단과 방법을 가리지 않는 것! 그리고 이것을 평생에 걸쳐 반복해서

쓴다. 더불어 그녀의 행동주의! 생각하면 곧바로 실천하는 놀라운 실천력의 소유자다)
또 어떻게 설득을 했는지 그렇게 완강하던 그녀의 부모는 돈을 만들어줬다. 그때 그녀
의 어머니는 딱 한마디 말만 했다고 한다. "이거 가지고 가거라. 그 대신에 다시는 일본
에 오지도 마라!" 5년간의 갈등이 얼마나 심했는지를 알 수 있는 말이다. 어머니로서는
어쩌면 그럴 만도 했을 것이다. 집안 좋고 안정적인 사람과 결혼도 뿌리치고 몸도 성치
않으면서도 영어라도 잘하는 것도 아니고 미국은 가겠다고 돈은 내놓으라고 하니 얼마
나 미웠을까? 그리고 당시 일본도 외화 반출이 금지된 상태였기 때문에 쿠사마는 옷에
돈을 꿰매여야 했고 구두 발가락 부분에 지폐 봉지를 꾸겨 넣어야 했다. 그리고 이해가
안 가는 것은 작품은 2천 점이나 싸고 거기에 기모노를 60벌이나 가져간 것이다. 마치
옛날 시골 할머니가 서울 갈 때 고구마, 콩 그런 것을 바리바리 싸서 이고 지고 가는 그
런 풍경과 다름없었다. 여기서 다른 것은 몰라도 기모노는 정말 요긴하게 사용된다. 전
시회나 중요 행사 때마다 기모노를 입은 쿠사마는 매우 이색적이어서 언론에 자주 등
장하게 된다.(이렇게 쿠사마는 마케팅에서 차별화 전략을 동물적으로 구사하고 이것
으로 다른 예술가들과 항상 차별화를 시켰다.) 이렇게 쿠사마는 모든 계획이 다 있었던
것 같다. 그렇게 해서 1957년에 27살 쿠사마는 미국으로 가게 된다.(지금도 미국 유학
이 쉽지 않은데 약 70년 전에 미국 유학을 계획해서 실천한 것이 놀랍다. 이것이 이민
자의 나라 미국 그중에서도 이민자들의 관문이었던 뉴욕과도 통하는 프런티어 정신이
다.) 미국에서 만난 오키프는 수년 동안 여러 가지 친절한 도움을 줬고 자기가 사는 뉴
멕시코에 가서 함께 살자고도 했다. 그러나 뉴욕을 떠날 수가 없었다. 그것은 오직 현대
미술의 본고장 뉴욕만이 그녀의 욕망을 채울 수 있기 때문이다.(성공하기 위해서는 구
심점이 되는 허브에서 활동하는 것이 필수인데 이것을 쿠사마는 본능적으로 알고 그대
로 실천했다.) 이제 세월이 많이 지나서 2012년이 되었을 때 쿠사마도 그 사이에 크게
성공한 작가가 되어서 휘트니 미술관에서 대규모의 초대전을 받았다. 이제 자신을 그
렇게 아껴주던 오키프는 죽고 없었다.

쿠사마는 그날 이렇게 얘기했다. "오늘의 나를 있게 한 사람은 조지아 오키프입니다. 오키프가 아니었으면 지금 나의 성공은 없었습니다"라고 말했다. 조지아 오키프도 그런 찬사에 부족하지 않은 사람이고 쿠사마도 은혜를 잊지 않는 멋진 사람이다. 쿠사마의 세 번째 편지는 1968년 미국 대통령 당선인 닉슨에게 보내는 편지다. 그 사이 진보적인 현대미술가로 성장한 쿠사마는 닉슨에게 매우 도발적인 내용으로 공개편지를 썼다. 역사에서 보면 예술과 정치는 다소 밀접하다. 때로는 탄압하기도 하고 협력적이기도 하고 서로 이용하기도 했다. 그런데 당시 쿠사마의 편지는 그저 도발이나 미친 짓으로밖에 볼 수 없었지만, 자세히 살펴보면 닉슨 대통령을 자신의 물방울예술에 이용했다. 다음이 그 편지 전체 내용이다.

"나의 영웅 리차드 닉슨에게 보내는 공개편지.

우리의 지구는 수백만의 천체 중에서 하나의 작은 물방울과 같습니다.

평화롭고 조용한 하나의 물방울 같은 지구는 지금 증오와 갈등으로 가득 차 있습니다. 당신과 내가 이 모든 것을 바꾸고 이 세상을 새로운 에덴동산으로 만들고 싶습니다. 사랑하는 리처드여. 우리 자신을 잊고 우리 함께 절대자와 하나가 되어요. 우리가 천국을 날아오르는 동안 우리는 서로 물방울 무늬를 그리며 무한한 영혼에서 우리의 자아를 버리고 마침내 벌거벗은 진리를 발견하게 될 것입니다. 폭력을 없앤다는 이유로 더 큰 폭력을 사용해서는 안 됩니다.

진심을 담아서 이 편지를 씁니다.

내가 당신을 사랑스럽게.. 그대의 딱딱한 육체를 사랑스럽게 둥글게 감싸겠습니다.

천천히! 살살! 사랑하는 리처드여!

당신의 남자다운 투지를 진정시키고 싶습니다!"

이 편지는 그리스 신화의 서사시 같은 엄숙함과 비장함이 함께하는 아름다운 유혹이다. 반전과 비폭력의 메시지를 담고 있으면서도 교묘하게 자신의 물방울을 홍보하고 있다. 상상을 초월하는 방법이지만 공개적으로 대통령에게 자신과 섹스를 연상케 하는 편지를 써서 자신의 존재를 알린 것이다. 설마 쿠사마가 자신이 예뻐서, 아름다워서 이런 편지로 유혹하면 어떤 반응이 있을 것이라고 기대한 것은 아닐 것이다. 이 편지는 닉슨 대통령에게 쓴 것이 아니다. 이 세상에 자신의 존재를 알리려고 쓴 것이다. 자신이 하는 작품을 한번 봐달라고 호소하는 것이다. 이와 동시에 쿠사마는 뉴욕 증권가에서 누드 퍼포먼스를 벌이면서 계속 이슈를 만들었다. 남자들 고용해서 옷을 벗게 한 다음 그 몸에 땡땡이 점을 칠하는 작업이다. 베트남 전쟁으로 들어가는 자본의 흐름에 반대하는 것이다. 쿠사마 행위 미술의 절정은 브루클린 다리 오르기다. 그 행위는 물방울 무늬 레깅스를 입은 채 줄을 잡고 다리를 오르는 곳으로 떨어지면 죽을 수도 있는 매우 위험한 행위였다. 이런 계속된 이슈를 만드는 쿠사마는 마침내 뉴욕 타임즈의 표지

그녀는 브랜드화를 위한 이미지 연출의 천재다.

에도 등장한다. 그리고 뉴욕 데일리 뉴스 표지에도 등장한다. 뉴욕 현대미술관 모마에게까지 초대를 받아서 예술가로서는 최고의 영광을 누리게 된다. 사실상 쿠사마 야요이의 대성공이다. 이런 성과는 세 가지 이벤트를 거의 동시에 벌이면서 그 영향력으로 이룬 성공이라고 평론가들은 분석한다. 첫째는 닉슨에게 보내는 편지, 둘째는 증권가의 누드 퍼포먼스, 셋째는 브루클린 다리 오르기다. 이 정도로 초인적인 극한의 노력을 하는 예술가는 거의 없다. 열심히 사는 그 누구도 쿠사마 앞에서만은 절로 고개가 숙여진

다. 2025년 쿠사마는 96세 지금 이 순간도 작품을 하고 있다. 쿠사마의 지금의 위상은 결코 그냥 우연이 아니었다. 그녀는 500살까지 작품만 하고 살고 싶다고 한다. 우리 모두 성공을 열망하고 누군가의 도움이 늘 필요하다. 그렇다고 부모에게만 도움을 받는 것은 부끄러운 일이다. 그런데 전혀 몰랐던 다른 사람의 도움을 받아낼 수 있다면 그것은 그 사람의 대단한 능력이다. 나라는 다르지만 동시대를 살아가는 선배 예술인 쿠사마 야요이의 치열한 열정과 노력에 깊은 존경과 찬사를 바친다.

" 비즈니스 관점 "

1. 자신의 성공을 위해서 다른 것에는 일절 관심을 안 두는 면이나 목적을 위해서는 수단을 안 가리는 면에서는 일론 머스크와 같다. 다만 그녀는 본인만의 물방울 세계를 확장해나가는 점만 다를 뿐이다.

2. 둘 다 이방인이면서 미국 사회의 주류로 자리를 잡았다.

3. 매스컴을 잘 활용하고 사람들의 시선을 끄는 데 둘 다 탁월하며 마케팅의 천재들이다.

4. 둘 다 죽을 때까지 현역으로 활동하다 죽겠다고 할 정도로 일에 대한 열정이 대단하다.

* 현대의 새로운 성공공식 : 성공 = 유명세 X 능력 *

한국경제   PiCK ⓘ

'이병헌 협박녀' 은퇴 선언하더니...'깜짝 근황' 전했다

입력 2024.11.20. 오전 8:06   수정 2024.11.20. 오전 8:17
기사원문

이슬기 기자

작년 24억 벌고 올해 초 은퇴 선언하더니
20년 지기 친구와 유튜버로 활동 재개

이병헌 협박녀로 유명한 글램 다희가 김시원으로 개명 후 BJ로 연 24억 소득을 몇 년간 올리고 은퇴를 했다. 일단 젊은 아이돌 가수가 범죄를 저지른 것이 호기심을 유발했고 아이돌 준비를 하면서 춤, 노래 등 갈고 닦은 기량이 출중하여 이런 결과를 가져왔다.

쿠사마 야요이도 이런 점을 빨리 파악하고 어떻게든 이벤트 혹은 퍼포먼스를 행했다. 그리고 결국 뉴욕의 주류 예술가로 본인을 키워준 오키프보다 더 유명해졌다.

chapter . 3

_____

뉴욕에 의미를 부여한
아티스트로부터 배울 점

잭슨 폴록
나도 그릴 수 있을 것 같은
뉴욕의 기획상품

잭슨 폴록의 1948년 작 'No.17A'의 가격은 2억 달러다. 전 세계 5위다. 강남의 건물을 여러 채 살 수 있을 만큼 비싼 가격이다! 하지만 이 작품 너무 어렵다. 뭘 그린 건지, 왜 그린 건지 그래서 어떤 걸 느껴야 하는지 모두 모호하다. 그렇다면 왜 이 가격이 된 걸까? 잭슨 폴록을 이해하기 전에 피카소가 없다면 피카소를 만드는 미국 정책입안자들의 사고방식부터 알아야 한다. 문화의 중심을 유럽 즉 프랑스 파리 중심의 문화중심지를 뉴욕으로 옮기려는 미국 CIA 계획에 따라 만들어진 피카소가 바로 잭슨 폴록이다. 자본주의 사회에서는 모든 가치는 가격으로 평가된다. 따라서 잭슨 폴록의 작품가를 의도적으로 높일 필요가 있었

잭슨 폴록(1912~1956)

잭슨 폴록의 작품 No.17A

다. 먼저 잭슨 폴록을 추상표현주의의 대표 작가로 만들었다. 선순환 구조가 만들어지면 한 번 올라간 가격은 여간하지 않으면 안 내려오는 경향이 있다. 이런 구조가 만들어지고 난 다음에는 잭슨 폴록이 그렸다는 점 때문에 가격이 높게 매겨진다. 한 장르의 대표 작가라는 점은 작가의 작품이 비싸게 팔릴 수 있는 가장 강력한 이유가 된다.

추상표현주의는 추상과 표현 두 개의 단어가 합쳐진 장르다. 인상파면 인상파, 야수파면 야수파, 입체파면 입체파 이런 게 아니라 추상과 표현 두 개의 단어가 붙은 건 당시 유행하던 두 개의 장르에서 특징을 따왔기 때문이다. 바로 입체주의와 초현실주의다. 두 장르는 1940년대 당시 미국의 화가들에게 엄청난 영향을 미쳤다. 입체파의 기하학적이고 차가운 형태는 추상화에 영향을 미쳤다. 대상의 특징을 아주 단순화해서 극단적으로 미니멀한 형태로 그려낸 그림은 그래도 무엇을 추상화한 건지 대략 감을 잡아볼 수는 있었다. 또 이미지를 통해서 어떠한 심상을 느낄 수도 있었다. 하지만 대부분의 추상표현주의 작품은 뭘 그린 건지 유추할 수조차 없을 정도로 모호하게 그려져 있다. 물감을 반복적으로 칠하거나 흘리거나 심지어 던지기까지 하면서 그림을 그렸다기보다 행위예술을 한 결과물처럼 느껴지기도 한다. 그래서 추상 뒤에 표현이라는 단어를 붙인 것이다. 이 표현이라는 단어는 당시 유행하던 또 다른 사조인 초현실주의에서 따온 건데 당시 초현실주의는 앙드레 부르통의 자동기술법의 영감을 받아서 그림의 원천을 무의식에 두고 그리는 시도를 이어가고 있었다. 머릿속에 떠오르는 걸 아무런 맥락 없이 의식의 흐름에 따라 그렸기 때문에 뭘 그린 건지 무슨 의도를 가졌는지 파악하기가 힘들다. 입체파에서 따온 추상적 어법과 초현실주의에서 따온 표현적 제스쳐는 추상표현주의와 딱 맞아떨어졌다. 유행하던 사조의 특징을 따와서 붙인 이름이기 때문에 어느 정도는 아류 작품 같은 느낌도 있기는 했지만, 오늘날까지 추상표현주의 인기는 상당하다. 미술품 경매에서 상위권에 있는 작품 다수가 추상표현주의 작품이다. 윌름 드 쿠닝의 'Interchange'는 3억 달러. 전 세계 1위 가격이었다가 몇 해 전 레오나르도 다빈치의 2억 달러에 1위 자리를 빼앗겼지만, 그전까지 세계 1위 자리를 오래 차지했다. 잭슨폴록의 'No.17A'는 2억 달러, 마크 로스코의 'No.6'는 1억 8,600만 달러 등 모두 매우 높은 금액을 형성하고 있다. 잭슨 폴록의 'No.5'는 1억 4,000만 달러로 전 세계 미술품 가격 10위다. 그러니까 추상표현주의 작품이 전 세계 미술품 가격 2위, 5위, 6위, 10위. 총 4작품이나 포진해 있다. 미술 작품의 가치는 크게 세 가지로 매겨 볼 수 있다. 경제적, 비평적. 상징적 가치인데 추상표현주의는 이미 매우 높은 경제적 가치가 매겨진 상황이다. 그 밑바탕에는 이 장르가 가진 상징적인 가치가 있었다. 추상표현주의는 미국 정부의 설계하에 발전한 장르다. 미국 정부와 미술 기관 전문가들이 합심해서 만들어낸 성과다. CIA와 뉴욕 현대미술관 모마(Museum Of Mordern Art의 약자)가 강력하게 결탁하여 만들었다. 이들이 이 장르를 띄워야겠다고 설계한 데에는 역사적인 맥락이 있다. 20세기까지 미술의 중심지는 유럽으로 여겨졌고 특히 파리가 그 중심지였다. 르네상스 시기부터 이탈리아 영국과 프랑스, 독일 등 다양한 국가가 중심지 노릇을 번갈아 하면서 최종 승자는 파리였다. 그렇게 예술의 중심은 유럽에 오랫동안 있었지만 1939년 세계 2차 대전이 발발하면서 유럽의 예술가들은 더 이상 유럽에서 작품 활동을 하기가 어려워졌다. 이 시기 미국은 혼란스러운 상황에서 정치 경제 문화적인 패권을 유럽에서 미국으로 가져오기 위한 뉴딜정책을 시행하고 있었다. 미술 부분에서는 공공 미술 작품을 제작하는 '연방 미술 프로젝트'가 시행 중이었다. 이 연방 미술 프로젝트에는 화가와 조각가가 만 명가량 참여했다. 미국은 이 예술가들의 작품을 모아 전시를 진행하고 또 해외 투어 전시까지 기획하면서 미국의 미술을 전 세계에 알렸다. 당시 수혜를 받은 예술가 중에는 앞서 살펴본 잭슨 폴록, 마크 로스코, 윌렘 드 쿠닝 등이 있었다. 오늘날 추상표현주의 대표 작가라 불리는 이들이다. 작가마다 조금씩 디테일은 달랐지만, 이들에게는 큰 공통점이 있었다. 무엇을 그린 건지 알 수는 없지만 그런 생각이 들기도 전에 느껴지는 직관적인 강렬함, 벽화만큼이나 크고 압도적인 캔버스 크기, 기존 미술 작품에서 볼 수 없던 독특한 표현 기법 등이었다. 이 특징은 미국 미술만의 고유한 특성으로 브랜딩하기에 아주 적합했다.

미국 또는 뉴욕은 될 만한 것을 정말 잘 고르는 안목이 있다. 새롭고 혁신적이고 직관적이었기 때문이다. 미술적으로 독창적이면서 또 아방가르드 된 추상표현주의는 미국이 유럽과의 경쟁에서 문화적으로 현대적이라는 걸 과시할 수 있는 아주 좋은 수단이었다. 그렇다면 그중에서도 잭슨 폴록이 대표 작가로 여겨지게 된 이유는 뭐였을까? 잭슨 폴록 은 당시 미국이 강조하고 싶어 했던 현대적인 특성을 모두 가지고 있었던 화가였다. 첫째로 캔버스를 이젤에 세워서 그리는 게 아닌 바닥에 눕혀 놓고 캔버스 천을 카펫처럼 깔고 그리기도 했다. 기존 미술 작품과는 전혀 다른 새롭고 혁신적인 작업 방식이었다. 또 그의 작품은 보는 재미도 있었다. 한스 나무스의 작품 사진을 보면 이걸 알 수 있는데 물감으로 범벅된 작업화를 신고 캔버스를 자유롭게 뛰어다니는 잭슨 폴록을 볼 수 있다. 담배를 문 채 그림을 그려내는 모습은 새로우면서도 매력적인 예술가의 캐릭터를 보여준다. 또 재료도 자유자재로 활용했다. 그는 붓을 그리는 용도로 사용하는 것이 아니라 물감을 흩뿌리는 막대기처럼 활용했다. 캔버스에 붓이 닿는 전통적인 순간은 없었다. 피우고 난 담배꽁초나 작업실에 굴러다니는 먼지도 그림의 재료로 활용했다. 경직된 미술계에 새로운 이미지를 부여한 폴록은 어떤 규범에도 매이지 않고 자신의 예술세계를 표출하는 자유로운 영혼을 가진 예술가 그 자체였다. 그래서 폴록의 작업 방식을 보고 사람들은 액션 페인팅이라 부르기도 한다. 국가의 필요에 의해서 만들어진 장르이기는 하지만 그 안에 담긴 미술사적 가치가 매우 컸던 덕분에 오늘날까지 잭슨 폴록과 추상표현주의 작품은 많은 영향을 미치고 있다. 거래 시장에서 경제적으로 높은 가치를 형성하고 있다는 말을 가장 많이 듣는 장르가 추상표현주의다. 이 추상표현주의의 탄생과 발전의 과정을 보면 어마어마한 양의 비평적 경제적 그리고 상징적 가치가 담겨 있다는 것을 볼 수가 있다. 잭슨 폴락을 보면 미국 정부가 오늘날의 뉴욕을 만드는 데 얼마나 노력했는지를 알 수 있다.

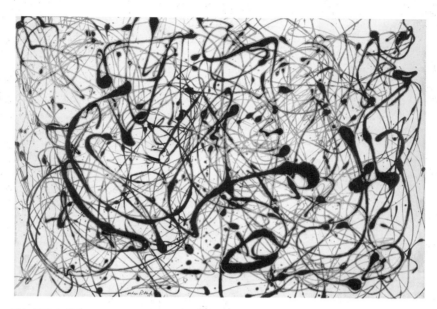

잭슨 폴록의 작품 No.14 Gray

잭슨 폴록의 작품 No.31

오늘날의 뉴욕은 기획 상품이다. 도시는 크게 금융과 경제가 가장 기본이 되지만 삶의 질을 위해선 문화가 필수다. 이러한 문화를 만들기 위해서 음악은 링컨센터를 중심으로 줄리아드 음대, 뉴욕 필하모니, 뉴욕발레단이 함께 있고 피카소와 같은 슈퍼스타가 필요한 뉴욕은 추상표현주의라는 장르를 만들었고 그 대표주자가 바로 잭슨 폴록과 마크 로스코였다. 잭슨 폴록은 여러 가지 면에서 상품성이 탁월했고 특히 작업 과정이 다른 예술가와 많이 차별화되었다. 이러한 점을 국가 차원에서 홍보했고 경제적으로 띄웠다. 이러한 추상표현주의를 통해 전위적이고 젊고 진취적인 분위기를 뉴욕의 이미지로 만들었다. 여기서 우리는 문화까지도 기획 상품으로 만들어 내는 뉴욕의 힘을 느껴야 한다.

추상표현주의 작가군 중에 잭슨 폴록에 필적하는 마크 로스코는 특검법 단골 손님인 김건희 여사가 한국에서 처음 전시회를 열어서 대성공했다. 그녀의 도덕성은 문제가 있을지 몰라도 사업적 안목은 탁월했다. 로스코를 띄운 것이 아니라 스티브 잡스가 가장 좋아한 예술가로서 로스코를 띄었다.

스티브 잡스에게 열광했던 한국인의 특성을 정확히 꿰뚫어서 '스티브 잡스가 제일 좋아했다면 이해할 수 있겠지.' 하는 생각으로 25만 명이나 관람했다. 예술이든 상품이든 이렇게 마케팅이 가장 중요하다. 추상표현주의는 의미와 작가들을 이용해 뉴욕을 대표하는 새로운 미술 사조로 우뚝 세워졌고 지금도 광채를 발하고 있다.

앤디 워홀
매스컴&비즈니스의 천재

최근 100년의 예술사에서 딱 한 명의 예술가를 남기라면 아마도 앤디 워홀이 될 것이다. 전에 없던 새로운 시도를 했고 그 시도가 트렌드가 됐으며 그 영향력이 오늘날까지 미치고 있기 때문이다. 앤디는 예술가 최초로 스타마케팅을 했던 인물이다. 과거에 살바도르 달리처럼 독특한 기행을 일삼아서 주목을 받았던 사람들이 있었지만, 이것은 개인적 일탈이었을 뿐 철저히 기획된 것이 아니었다. 대중매체가 발달하면서 이것에 주목하여 보다 설계적으로, 디테일하게, 전략을 세워서 브랜딩한 예술가는 앤디 워홀이 최초로 여겨진다. 앤디는 자신을 매력적으로 포장하기 위해서 언론을 어떻게 다뤄야 하는지 알고 있었다. 그리고 철저히 연출된 모습만 언론에 노출했던 인물이다.

앤디 워홀은 예술사에 큰 획을 그은 아티스트다.

전략은 크게 볼 수 있는 부분과 보이지 않는 부분의 설계로 나눠진다. 은색 가발을 항상 착용하고 다녔다. 원래는 탈모가 살짝 있는 모습인데 가발로 벗겨진 머리는 가리고 독특한 매력은 살렸다. 또 항상 화장을 했고 늘 안경이나 선글라스를 착용하고 과장된 악수 사례를 통해서 자본주의 사회 넘쳐나는 패션의 풍요로움을 보여줬다. 약점을 감추기보단 활용했다.(이 점이 앤디 워홀의 위대한 점이다. 우리는 우리 자신을 연출해야 하며 약점을 감추기보다는 활용하는 앤디 워홀 전략을 따라야 한다) 앤디 워홀의 콤플렉스는 좋지 않은 피부와 머릿결이었다. 이걸 숨기기보다 오히려 화장을 두껍게 해서 안 좋은 피부를 부각하고 가발을 쓰면서 이를 강조했다. 이 모든 것들은 곧 앤디 워홀의 아이코닉한(상징적이라는 뜻) 특징이 됐다. 한편, 사람들이 절대 볼 수 없는 부분에 대해서는 철저한 신비주의 전략을 세운다. 수많은 매체와 인터뷰도 했고 두 권의 자서전도 있었지만, 성생활이나 사생활 등 본인에 대한 이야기를 거의 안 하고, 추측하게 만들었다. 앤디 워홀의 실상이 드러나 있는 것은 많지 않다. 앤디 워홀은 몇몇 남자 애인이 있기도 했는데 늘 본인이 무성애자라고 언론에 이야기하고 다녔다. 이런 행보는 오히려 앤디 워홀의 사생활을 더 궁금하게 만들었다. 물론 당시에는 게이라든지 동성애에 대한 혐오감이 매우 컸을 때여서 이런 행보를 보인 것 일 수 도 있는데 이외에도 항상 성에 대해서 초월한 존재처럼 행동했다. 성욕을 내보이면, 나의 약점을 내보인다거나 본인의 권력을 포기해야 한다고 생각했기 때문에 그 누구도 본인은 무너뜨릴 기회를 주지 않았다. 하지만 아무리 치밀하게 본인을 포장한다고 하더라도 이 포장은 언젠가 벗겨질 수 있는 것이다. 각종 인터뷰에서는 앤디 워홀의 사생활이나 실제 생활에 대해서 깊이 파고드는 질문을 연속적으로 이어간 적도 있다. 하지만 앤디 워홀이 보통 인물이 아닌 게 바로 임기응변으로 모두 대처했다. 가발이 벗겨졌을 때는 바로, 입고 있던 옷의 후드를 뒤집었었고 자기 내면을 들여다보려는 의도가 많이 보이는 질문들이 있을 때는 "나는 이에 대해서 할 말이 없다!"라고 아예 질문을 차단해 버리는 모습도 보였다. 이 때문에 누구도 '앤디 워홀을 잘 안다!'라고, 말할 수 있는 인물은 미술계에 없었다. 이렇게 독특하고 매력적인 한편으로는 신비감이 가득한 캐릭터를 구축한 이후에는 가능한 한 최대한, 언론에 본인을 드러냈다.

원래 그는 I(내향적)성향의 인물이었다. 매우 소극적이고 또 내성적이고 내향적인 인물이었는데 갈 수 있는 파티는 모두 다 참석하고 셀럽과 카메라가 있는 곳이라며 언제든 달려갔다. 그렇게 언론에 최대한 본인을 드러내야 자신의 매력적인 브랜딩이 한 번이라도 더 알려질 수 있기 때문이다.(우리도 이것을 본받아야 한다) 본인이 하는 행동 하나하나가 언론에 보도되는 걸 본 앤디 워홀은 곧 언론의 힘을 실감하게 되었다. 후에 유명인과 인터뷰를 실은 잡지 '인터뷰' 창간과 더불어, 1982년에는 MTB를 통해 '앤디 워홀 TV'라는 프로그램을 진행하기도 했다.(이 점에 있어서는 트럼프, 일론 머스크, 무라카미 다카시, 쿠사마 야요이, 카우스 등 모두 공통점이다. 일단 유명해져라! 그러면 똥을 싸도 열광할 테니! 이 말은 진리다) 예술계, 패션계 인사들을 출연시켜 자유로운 대화를 유도했다. 언론의 흥미로운 이야깃거리였던 앤디 워홀은 이후 언론을 지휘하는 지휘자 역할로 자리매김하게 된다.

앤디 워홀이 진행하였던 '앤디 워홀 TV의 오프닝 장면'

　　앤디 워홀은 주로 뉴욕에서 활동했다. 대학교를 졸업한 후에 처음 일을 시작한 것도 뉴욕이었고 작가 생활을 하면서 쭉 머물렀던 것도 활동지도 모두 뉴욕이었다. 뉴욕은 오늘날에도 가장 상업적인 도시로 손꼽히고 있기는 하지만 당시에는 그 상업성이 막 시작되던 타이밍이었다.(주목받거나 성공하기 위해선 바로 허브 지역에 있어야 한다. 다만 유튜브가 나온 후 장소에 대한 집착은 어느 정도 수그러들었어도 플랫폼 선택과 주목도에 대한 중요성이 다시 대두되었다. 아무리 온라인이 발전해도 오프라인에서 여전히 중심 허브 지역이 중요하고 현대 예술계 주요 인사들도 변방이 아닌 중심지 뉴욕에서 활동했기 때문에 영향력과 파급력을 갖게 되었다. 만약 이중섭이 뉴욕에서 활동했다면 그렇게 가난 속에 쓸쓸하게 죽지 않았을 것이다) 60년대부터 TV가 전국적으로 보급되면서 대중매체에 온갖 광고가 가득했다. 그리고 앤디 워홀은 이 광고 속에서 선보여지는 대상에 주목한다. 그 대표적인 작품이 바로 '캠벨 수프 캔'이다. 1962년, 앤디 워홀은 캠벨 수프 캔 모습 32개를 그린 캔 시리즈를 완성한다.

앤디 워홀에게 스타덤을 만들어준 '캠벨 수프 캔'(1962)

그리고 이를 페루스 갤러리의 대표, 어빙 블룸에게 한 점당 100달러에 내놓았다. 이 작품을 통해서 예술가로서는 처음 언론의 주목을 받게 된다. 오늘날에는 이 '캠벨 수프 캔'의 예술성이 많이 알려지기는 했지만, 당시에는 그런 것보다는, 갤러리 운영자인 어빙 블룸의 유명세가 더 도움을 줬다. 전시도 독특하게 했다. 갤러리 안쪽에 마련된 진열장에 따라서 작품이 전시되었는데 일반적인 갤러리에 전시하는 느낌이 아니라 실제 상품을 판매하는 것 같은 느낌을 내려고 일부러 기획한 것이다. '캠벨 수프 캔'이 조금씩 유명해지면서 건너편에 있던 라이벌 갤러리에서는 이런 일도 벌어졌다. 갤러리 창문에 캠벨 수프 캔을 실제로 전시해 두고, "우리는 진짜를 29센트에 팝니다."라고 설명을 해놨다. 이런 에피소드들이 쌓이고 쌓여서 앤디 워홀의 '캠벨 수프 캔'은 점차 더 유명세를 더하게 되었다. 전 세계 각국 다양한 컬렉터들에게 팔렸다가 다시 돌아오고 이런저런 구매자를 거쳐서 결국 이 시리즈는 어빙 블룸에 의해 뉴욕현대미술관에 1,450달러에 소장 되어서 지금도 뉴욕현대미술관을 가면 볼 수 있다. 그저 캠벨 수프 캔을 그린 작품일 뿐인데 이 작품이 너무 유명해지고 비싸게 팔리게 되니 사람들은 이런저런 이야기를 덧붙인다. 원래 워홀은 작품에 대해서 그렇게 많은 코멘트를 하는 작가는 아닌데 이 캠벨 수프 캔에 대해서는 명확하게 해설을 덧붙였다. "가공식품이 그 시대 비즈니스 이미지를 가장 잘 대변하기 때문에 이 작품을 만들었다." 비평가 중 상당수는 이 캠벨 수프 캔이야말로 앤디 워홀이 현대 미술에 가장 크게 기여한 작품이라고 평가한다. 이 캔을 식품 진열대에서 갤러리로 자리를 옮김으로써 우리는 어떤 광고들을 절대 과거와 같은 방식으로 볼 수 없게 되었다는 것이다. 이 캠벨 수프 캔은 미술의 상업을 도입한 최초의 작품으로 인정받고 있다. 캠벨 수프 캔 작업에서 볼 수 있듯이 앤디 워홀은 시대상과 비즈니스에 아주 많은 관심이 있던 작가다. 그리고 이 관심은 쭉 이어져서 앤디 워홀의 작품 세계에도 많은 영향을 주었다. 앤디가 남긴 유명한 말이 있다. "돈을 버는 것이 예술이고 일하는 것이 예술이며 좋은 비즈니스야말로 최고의 예술이다." 하지만, 이 말과 달리, 작가 활동 초기에는 그리 좋은 비즈니스 그리 좋은 예술을 하지는 못했다.(누구나 시행착오를 겪고 이걸 극복해야 한다) 유명한 컬렉터나 미술관이 작가 작품을 소장하게 되면 그 작가의 가치는 자연스럽게 높아지게 되고, 이를 잘 알고 있었던 앤디 워홀은 유명한 컬렉터와 미술관에 본인 작품을 선물로 보낸다. 유명 컬렉터의 레오 카셀리에게 본인 작품을 보냈는데 독창성이 없다는 이유로 거절을 당한다. 이후 뉴욕현대미술관에도 작품을 기증했지만, 미술관은 작품을 다시 앤디에게 돌려보냈다. 그 이유는 우리가 정확하게 알 수는 없지만 이런 대접을 받은 앤디는 무척 힘들었으리라는 건 누구라도 예측할 수 있다. 본인 컬렉션의 수준을 유지하고 싶었거나 정말 작품을 둘 공간이 없었거나 다양한 이유가 있었겠지만 앤디 워홀에게는 굉장히 치욕적인 경험이었지만 그럼에도 불구하고 앤디는 좌절하지 않고 언론이 주목하고 시장이 주목할 만한 작품을 연구하고 선보인다.(이 점이 위대한 사람들의 특징이다. 다 어렵고 힘든 시기가 있지만 그걸 성공의 원동력으로 삼는다. 한마디로 스트레스를 승화시킨다. 실제로 스트레스를 포용하고 승화시키면 머릿속에서 DHEA 호르몬이 분비되며 이 호르몬은 머리를 좋게 하고 우리 몸을 치유한다. 이 호르몬 덕분에 더 성장하게 되어서 성공한 사람들은 오히려 위기를 반기는 경향이 있다)

팩토리에서 실크스크린 작업을 하는 앤디 워홀의 모습

　　1962년 말 앤디 워홀은 유명인들의 모습을 실크스크린 프린트에 담는 작업을 시작한다. 마릴린 먼로, 엘리자베스 테일러, 엘비스 프레슬리, 재키 케네디의 모습을 담은 작품들이 탄생했다. 이들 작품은 사진 속 모습을 실크스크린으로 캔버스에 그려낸 건데 이를 통해서 똑같은 사진도 다양한 이미지와 색으로 연출할 수 있었다. 이 때문에 초상화 시리즈에는 다양한 색깔과 크기의 버전이 존재한다. 그리고 이 초상화 속 인물들에게는 공통점이 하나 존재한다. 1. 젊은 나이에 갑자기 세상을 떠났거나 고통을 받는 사람 중에 골랐다. 마릴린 먼로는 젊은 나이에 갑자기 세상을 떠났고, 엘리자베스는 약물 과다복용과의 싸움에서 힘겹게 투쟁하고 있었고 재키는 대통령이던 남편을 갑자기 잃은 비운의 주인공이었다. 세상을 떠났거나 비극적인 삶을 살았던 유명인을 그려낸 작업은 곧 언론의 주목을 받았고 이를 통해서 인지도뿐만 아니라 작품 가격도 오르게 된다. 이 직후 앤디 워홀은 또 한 번 언론이 주목할 만한 작품을 선보인다. 바로 재난 시리즈다. 실제 재난사고 현장에 사진을 실크 스크린으로 옮겨 담은 작업이다. 파티 드레스를 입은 채 교통사고로 사망한 10대들의 모습, 썩은 참치를 먹고 사망한 가정주부의 모습, 엠파이어 스테이트 빌딩 꼭대기에서 뛰어내려 어느 외교관의 리무진 위로 떨어져 죽은 패션모델의 사진 등 사건 사고의 순간을 실크스크린으로 담아냈다. 언뜻 보면 끔찍해 보이지만 이 작업 역시 앤디가 이전에 선보인 작업의 연장선상이었다. 앤디는 이전에도 '캠벨 수프 캔' 같은 상품, 유명 연예인의 사진 등을 작품에 활용했다. 이때 앤디가 항상 강조했던 건, 이 사물의 이미지였다. 우리가 일상에서 너무 쉽게 너무 반복적으로 접하는 사물의 이미지를 가져와 작품으로 제시함으로써 그 대상을 새로운 관점으로 바라볼 수 있게 만들었다.

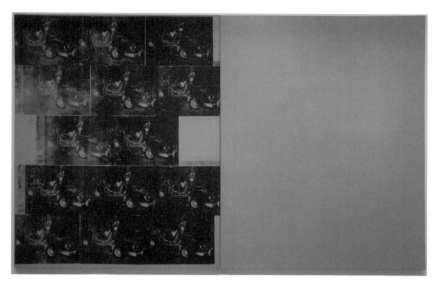

앤디 워홀의 14개 오렌지색 자동차 충돌사고 작품

마릴린 먼로 시리즈는 미국 뉴욕 MoMA에 전시되어 있다.

유명인의 초상화 작업 그리고 재난 시리즈 작업 이후에 명성을 얻게 된 앤디 워홀은 본인의 작업실을 더 큰 곳으로 이사하게 된다. 그리고 '미술품도 소비재처럼 생산라인에서 제조할 수 있다'라는 의미로 본인의 작업실을 팩토리라고 이름 붙였다. 앤디가 주로 이용한 것은 일종의 판화 기법인데, 작품의 틀이 되는 드로잉과 컬러 작업만 하면 이후 노동은 조수가 하면 됐다. 덕분에 앤디 워홀은 바깥 사교 활동에 더 시간을 많이 쏟을 수 있었지만, 문제도 있었다. 점차 이 팩토리가 유명해지게 되고 예술가들이 모여드는 크리에이티브(창조적) 집단으로 형성이 되면서 점차 앤디 워홀의 실크스크린 작업은 조금 우선순위에서 밀리게 되었다. 그래서 모든 작업을 조수가 맡아서 하는 경우도 많았는데 이에 논란이 일자 앤디 워홀은 "스크린 작업을 해서 어떤 작품이 내가 만든 거고 다른 사람이 만든 건지 구분할 수 없게 된다면 그것처럼 좋은 일은 없을 것이다"라고 말했다. 이 때문에 오늘날에 앤디 워홀의 실크스크린 작업은 가장 진품 감정이 많이 일어나는 작품이 되었다.(이것은 한국의 가수 조영남이 화투 시리즈를 작업할 때 조수에게 다 맡긴 것이 사기라고 고소를 당하고 6년 동안 재판을 받고 결국 무죄 판결이 났다) 그런데도 앤디 워홀이 활동하던 당시 실크스크린이 만들어낸 편리함과 또 외주 시스템의 유용함은 앤디 워홀의 활동에 아주 큰 도움이 되었다.

앤디 워홀은 이 팩토리를 유지하기 위해 초상화를 그리기 시작했다. 사람들한테 2만 5,000달러를 받고 예쁘게 손질된 초상화를 그려 주었다. 다른 현대 미술 작가들은 돈 받고 초상화 그려주는 앤디 워홀의 행보를 비웃기도 했는데 앤디 워홀은 개의치 않고 이 초상화 의뢰 작업을 이어 나간다. 앤디 워홀에게 초상화를 의뢰한다는 건 뉴욕 사교계에서 굉장한 자랑거리가 되었고 이에 맞춰서 초상화의 가격을 높이면서 팩토리 유지비를 가분하게 충당해 낸다. 당시 앤디 워홀이 그린 초상화는 약 4,000점 정도 된다. 이 숫자는 평생 다른 작가들이 그린 초상화보다 훨씬 많은 숫자다. 앤디는 이 초상화를 하루 만에 뚝딱 그려냈다. 팩토리가 없었다면, 또 실크스크린 작업이 아니었다면 결코

할 수 없었을 일이다. 이런 시스템은 오늘날 현대 미술 작가들한테 많은 영감을 줘서 무라카미 다카시라든지, 아이웨이웨이, 제프 쿤스, 아니시 카푸어 같은 작가들도 조수를 두고 공장식으로 작품을 만들어내는 생산 라인을 구축하고 있다. 앤디 워홀의 스토리를 살펴보면 소위 말하는 "난 놈"이라는 단어가 떠오른다. 자기 자신을 아이코닉(상징적)하게 꾸밀 줄도 알고, 또 비밀스럽게 포장해서 관심을 끌 줄도 안다. 또 단순히 대중의 이목만 끌고 끝나는 게 아니라, 다른 사람은 포착하지 못한 것을 포착하고, 작품화해서 돈을 버는 사업가적 기질과 예술가적 안목도 가졌다. 앤디의 공헌은 미술을 시각적인 존재에서 철학적인 사유로 이끌었다는 데 있다. 현대미술이 시작된 것이다.

앤디 워홀의 자화상 시리즈

앤디 워홀의 존재가치를 니체의 책 『즐거운 지식』을 통해 알 수 있다. "독창적인 사람의 특징 중 하나는 이미 모든 사람의 눈앞에 있으나 아직 알아차리지 못해 이름조차 가지지 못한 것을 알아볼 수 있는 눈을 가지고 나아가 그것에 새로운 이름을 부여할 수 있는 능력을 갖췄다는 점이다. 이름이 주어지고 비로소 그것이 실제로 존재함으로써 인간은 깨닫게 된다. 그렇게 새로운 세계의 일부가 탄생한다." 앤디의 작업은 이미 모든 사람의 눈앞에 벌어지고 있는 일을 작품화해 새로운 이름을 부여하고, 새로운 관점을 만들어 낸다. '캠벨 수프 캔'은 동시대 자본의 사회상을 포착했고, '죽음과 재난 시리즈' 작업은 죽음에 대한 인식을 재고 했다. 또 당시로선 드물던 스타마케팅과 작업실의 공장화도 독창적인 발상이다. 오늘날 현대 미술뿐 아니라 유튜브 시대의 인플루언서 사회에까지 영향을 미치고 모방의 틀을 만들 수 있게 만든 표본이 바로 앤디 워홀이다.

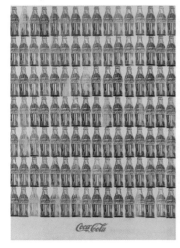

앤디워홀은 코카콜라나 미키마우스처럼 대중이 사랑하는 상품을 소재로 그림을 그렸다

앤디워홀 최후의 만찬(1986)

" 비즈니스 관점 "

예술계의 비즈니스맨을 꼽으라면 피카소와 앤디 워홀이다. 피카소가 전통에 입각한 마케터인데 반해 앤디 워홀은 목적을 위해서 수단과 방법을 안 가린 마케팅의 표본이다.

1. 본인을 브랜드화하는 데 탁월했다.
2. 주목받는 방법을 꿰뚫고 있었고 철저히 실천했다.
3. 효과에만 집중한 것이 아니라 효율까지 생각해 조수와 팩토리라는 독창적인 개념까지 만들었고, 토대가 되는 이론까지 제시하여 오히려 반론을 노이즈마케팅에 활용했다.
4. 우리가 놓치고 있던 것을 끄집어내어 이슈화시키고 그것을 현대 미술로 탄생시켰다.
5. 앤디 워홀을 분석하고 연구하면 현대 인플루언서 전략을 짤 수 있다.

장-미셸 바스키아
검은 피카소, 비운의 천재이자
현대 예술의 악동

장-미셸 바스키아(1960~1988)

검은 피카소라는 말로 대변되는 장-미셸 바스키아! 그러나 바스키아의 행동 패턴은 피카소보다는 앤디 워홀과 한 묶음이다. 길거리로부터 캔버스까지 낙서를 휘갈긴 듯한 정리되지 않은 선과 강하고 분명한 색! 27세란 짧은 나이로 생을 마감하기 전까지 무려 2,500점에 달하는 작품들을 선보이며 자신만의 예술 세계를 구축한 아티스트! 바스키아는 자신만의 독창적인 화풍으로 세간의 이목을 집중시켰다. 그러나 우리는 바스키아 작품이 프린트된 옷을 입고 다니면서도 바스키아를 모른다. 전남 보성 출신인 내 학생 중에 한 명이 바스키아 티를 두 벌이나 갖고 있어서 물어봤더니 광주에 있는 백화점에서 세일해서 샀다고 하길래 Qkd 터졌다! 세상에 바스키아 작품을 몰라보고 세일 때문에 샀다니! 역시 세상은 아는 만큼 보인다. 이렇게 현대미술 작품은 비즈니스와 밀접한 연관성을 가진다. 독창적인 바스키아의 작품 속에선 특유의 상징과 기호들을 어렵지 않게 찾아볼 수 있는데 바스키아는 왜 이런 상징을 그려 넣었을까? 바스키아의 작품 창작은 마치 힙합 뮤지션들의 작곡과 비슷했다. 끊임없이 작품의 소재를 찾고 만들며 자신만의 소스를 만들었고 이전 작품에서 자신이 참고했던 것 그렸던 것들을 재활용해 다시 새 이미지와 결합해 새로운 작품을 창조했다. 어떻게 보면 일종의 리믹스였던 셈인데 그러다 보니 바스키아의 작품 속엔 반복되는 이미지들이 자주 등장했다. 갖가지 기호와 단어들 이러한 바스키아 특유의 이미지들은 바스키아의 삶과도 밀접하게 관련돼 있다. 바스키아 작품 속에서 자주 등장하는 것 중 하나는 바로 해골이다.

바스키아의 '죽음과 합승'(1988)

바스키아의 '융통성 있는'(1982)

이 해골은 어떻게 보면 유년 시절의 경험에서 비롯된다. 뉴욕 브루클린의 중산층 가정에서 비교적 평화롭게 보내던 유년 시절 바스키아에게 한 사건이 발생한다. 차에 치이는 사고로 바스키아는 병원 신세를 지게 된다. 이때 어머니는 바스키아가 심심하지 않도록 책을 가져다주는데 바로 해부학책이었다. 8살의 바스키아는 책 속에 그려진 인체 장기와 뼈들에 빠져들게 되고, 이는 전 생애에 걸쳐 바스키아 작품의 중요한 소재가 된다.(아이가 어떤 경험을 하느냐에 따라 인생이 달라짐을 여기서 느낄 수 있다) 바스키아는 작품 속에 해골이나 장기를 많이 그리는데 해골과 장기들이 가진 특유의 토속적인 느낌을 활용했다. 이를 통해 죽음이라는 무거운 키워드를 다루면서도 조금은 경쾌한 느낌으로 풀어내는 게 가능했다. 성인이 되어서도 다빈치의 인체 해부도를 포함해 역사 속에 활용된 다양한 해부와 신체 뼈 그림에 매료되었다. 바스키아는 그 작품들을 종종 오마주(원작에 대한 존경심의 표현)했는데 때로는 바스키아의 작품 속에서 해부된 인체의 모습을 어렵지 않게 볼 수 있다. 또 바스키아는 어렸을 때 만화를 즐겨봤다. 한때는 만화가가 되기를 꿈꿨다. 그래서 학교에서 시간이 날 때마다 책이나 공책에 끊임없이 만화를 그렸다. 이러한 경험들은 후에 본격적으로 작품 활동을 시작했을 때도 고스란히 유지된다. 바스키아의 작품 속에 낙서와 단어들이 뒤죽박죽된 모습을 많이 볼 수 있는데 그림과 글이 혼재된 만화적인 느낌과 닮았다. 특히나 작품 속엔 미국 사회를 표현하는 단어들이 자주 적혀있었는데. 사회의 문제를 직시하며 시대에 대한 저항과 분노 자신의 메시지를 전달하는 수단으로 삼았다. 17살 때 결국 바스키아는 다니던 학교를 자퇴하고 예술을 좋아하는 학생들이 많은 대안학교에 입학한다. 아버지는 학교를 자퇴한 것에 대해 분노해 바스키아를 집에서 내쫓아버렸다. 이 시기 바스키아는 친구들과 지내며 티셔츠와 엽서를 만들어 팔면서 생계를 유지했다. 그러던 중 한 친구를 사귀게 됐는데, 알 디아스라는 낙서 화가였다. 둘은 서로의 작품 세계에 공감하며 세이모(SAMO)라는 모임을 결성한다. 세이모(SAMO)는 'Same Old Shit'의 줄임말인데 우리나라 말로 치면 '그게 그거' 또는 '흔해 빠진 것'이라는 의미다. 이는 바스키아와 친구들이 세상에 던지는 메시지인 셈이었다. 세이모는 뉴욕 소호 거리를 캔버스 삼아 스프레이로 담벼락에 반항적인 문구와 그림들(그라피티)을 새겨놨다. 이들이 활동하던 1970~1980년대는 더군다나 비주류 정서가 유행하던 시기였기 때문에 반항적인 이미지의 세이모는 뉴욕에서 유명세를 타기 시작했다. 이 시기 바스키아는 자신의 글과 그림 속에 저작권을 뜻하는 'Copyright'의 기호(©)를 적어 넣었다. 이는 자신의 작품에 대한 소유권과 권위 혹은 작품에 대한 자부심을 뜻했다. 바스키아 작품에선 이 기호를 빼놓지 않고 볼 수 있을 만큼 자기 작품에 대한 자부심이 강했다는 의미이기도 하다. 하지만 세이모는 결국 오래가지 못하고 갈라서게 된다. 바스키아는 활동을 통해 더 유명해지길 바랐지만, 디아즈는 영원히 익명의 화가로 남고 싶어 했기 때문이다. 둘은 결국 세이모는 죽었다는 낙서와 함께 활동을 중단한다.

바스키아는 정식 미술 교육을 받은 적은 없었지만, 예술가들에게 인정을 받기 시작하면서 새로운 예술가 친구들을 사귀게 되었다. 바로 키스 해링이나 케니 샤프 같은 팝 아티스트이었던 모두 길거리로부터 작품 활동을 시작한 예술가들이었다. 이런 만남 속에서 1980년엔 바스키아의 인생을 바꾼 운명적인 만남이 이루어진다. 바스키아는 당대 가장 유명한 예술가이자 팝아트의 거장 앤디 워홀을 만나자 바스키아 특이성을 단번에 알아본 앤디 워홀은 자신의 재력과 타고난 마케팅 실력을 바탕으로 바스키아를 굉장히 유명해지게 만들었다. 바스키아는 앤디 워홀 덕분에 유명한 화가라는 목표에 한층 더 다가서게 되었고, 세계적인 미술 시장이었던 뉴욕에서 독창적인 화풍으로 바스키아는 어느덧 예술계의 스타로 자리를 잡게 된다.(여기서 인맥의 중요성을 다시금 살펴볼 수 있다. 피카소가 성공한 원인도 앤디 워홀이나 쿠사마 야요이도, 성공한 모든 예술가는 예술의 허브 장소에 있었고 네트워크를 통해 발전해 나갔다. 이에 대한 자세한 내용은 앨버트 라슬로 바라바시가 쓴 포뮬러에 잘 나와 있다) 바스키아는 이 시기 인물을 담는 초상화 작품들을 많이 그렸다. 특히나 당시 인종차별적인 사회 분위기가 팽배해 있었는데 바스키아는 주류 예술계에 처음 등장한 흑인 예술가이기도 했다. 이를 잘 알았던 바스키아는 작품 속에 불평등한 사회 분위기 속에서도 자신만의 길을 개척한 후기 히스패닉 영웅들을 구현한다. 재즈 아티스트, 인권운동가, 복싱 선수가 그 대상이었다. 그러면서 영웅들의 머리 위에 왕관을 그려놓곤 했다. 왕관은 저작권 표시와 함께 바스키아의 작품 속에 자주 등장했는데 자신이 담는 인물에 대한 존경과 창의의 의미를 다뤘다. 동시에 왕관은 저작권과 마찬가지로 자기 작품의 권위를 나타내는 표현이기도 했다.

바스키아의 'Pez Dispenser'(1984)　　　바스키아의 'Crown'(1982)

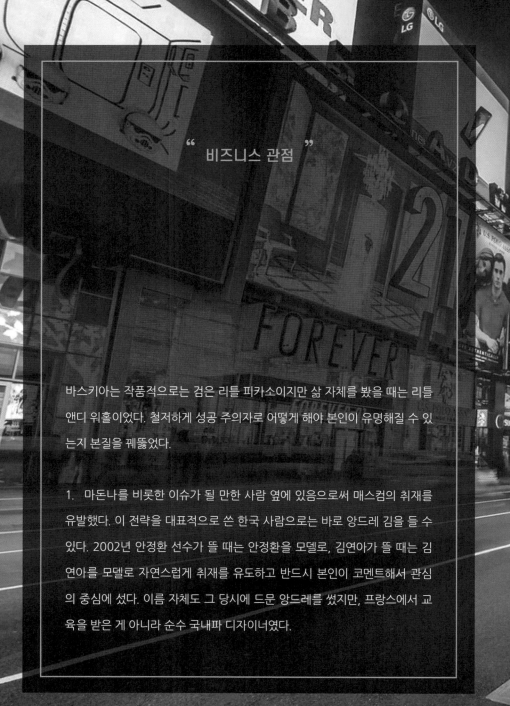

" 비즈니스 관점 "

바스키아는 작품적으로는 검은 리틀 피카소이지만 삶 자체를 봤을 때는 리틀 앤디 워홀이었다. 철저하게 성공 주의자로 어떻게 해야 본인이 유명해질 수 있는지 본질을 꿰뚫었다.

1. 마돈나를 비롯한 이슈가 될 만한 사람 옆에 있음으로써 매스컴의 취재를 유발했다. 이 전략을 대표적으로 쓴 한국 사람으로는 바로 앙드레 김을 들 수 있다. 2002년 안정환 선수가 뜰 때는 안정환을 모델로, 김연아가 뜰 때는 김연아를 모델로 자연스럽게 취재를 유도하고 반드시 본인이 코멘트해서 관심의 중심에 섰다. 이름 자체도 그 당시에 드문 앙드레를 썼지만, 프랑스에서 교육을 받은 게 아니라 순수 국내파 디자이너였다.

2. 작품도 남들이 봤을 때 딱 구별할 수 있는 차별화 포인트를 가지고 일관성 있게 자신만의 세계를 구축했다. 바스키아를 통해서 장소 및 인맥의 허브 전략을 배울 수 있다. '성과는 성공의 원동력이지만, 성과를 측정할 수 없을 때는 연결망이 성공의 원동력이다.' 『성공의 공식 포뮬러』 책에서 밝히는 성공의 제 1공식이다. '어떻게 하면 연결망을 확장 시킬 수 있는가?' 이것이 성공의 지름 길이다!

키스 해링
천재 길거리 낙서 예술가

1958년 미국 필라델피아의 작은 시골에서 태어난 키스 해링은 뉴욕에서 주로 활동한 그라피티 아티스트(Graffiti artist-길거리 낙서 예술가)다. 어렸을 적부터 아버지와 만화를 그리며 미술에 많은 관심을 가지게 된 그는 1978년 뉴욕의 비주얼 알테스쿨에 입학한다. 그는 뉴욕 거리의 벽면과 지하철역에 그려져 있는 낙서 그림을 보고 깊은 감명을 받는다. 또한 장-미셸 바스키아 등 젊은 화가들과 어울리며 왕성한 작업 활동을 한다.

키스 해링(1958~1990)

　키스 해링은 거리와 지하철역 건물의 벽 등 그림을 그릴 수 있는 공간이라면 어디든지 그림을 그리며 그라피티 아트로 발전시켰다. 특히 그는 1980년대 뉴욕 지하철역에 있는 빈 광고판 위에 흰색 분필로 그림을 그리기 시작하면서 많은 대중들에게 알려지기 시작한다. 키스 해링은 벽화나 대중적인 장소에 그림을 그림으로써 고급 미술과 저급 미술의 경계를 허물고자 노력하였다. 또한 그의 작품 안에는 그 시대가 반영되어 있었으며 그는 사회 문제를 그림으로 다루며 대중들에게 메시지를 던졌다. 특히 그는 생명, 사랑, 죽음을 주제로 그림을 그리며 소통하기 시작했다. 키스 해링의 그림 중 가장 유명한 그림인 빛나는 아기도 이 시기에 탄생한 작품이다. 빛나는 아기는 사실 기어다니는 아기 예수님을 상징으로 그려진 것인데 기독교 집안에서 자란 영향이 나타난 것 같다. 처음 지하철 그림에서 많이 사용한 그림으로 순수함, 순결, 종교적 의미로 아기 예수를 나타내며 아기 예수를 통해 나오는 영적인 빛을 빛나는 표현하였다. 이 외에도 권위를 대표하는 정부, 억압적인 소리, 권력의 남용을 표현하는 짖는 개, 인간의 수호와 영적인 존재를 표현한 천사, 인류의 사랑을 믿는 낙관적인 태도와 행복함을 하트를 활용하여 표현한 무제, 춤추는 사람들 등의 그림에서 알 수 있듯이 키스 해링의 작품 특징은 굵고 힘있게 그려진 윤곽선으로 이루어진 형상들이다.

무제 : 춤(1987)

빛나는 아기 (1990)   짖는 개 (1989)

천사 (1990)   무제 (1987)

그의 그림은 대체로 밝은 색채를 사용하였다. 어릴 때 많이 접한 만화의 영향으로 굵직한 선과 밝은 색채, 단순한 형상이 3가지가 키스 해링 작품의 가장 큰 특징이다. 단순한 선과 밝은 색채로 무거운 주제를 쉽고 친근하게 표현하여 예술을 통해 사회를 변화시키려고 하였다. 1982년 소호의 토니토니 샤프라지 갤러리에서 첫 개인전을 열며 그의 그림들은 관심을 끌게 된 이후 독일, 브라질 상파울루로 비엔날레 미국 휘트니 비엔날레 등에 참여하기도 했으며 스와치와 앱솔루트 보드카의 광고 의뢰(아래 이미지 참고)를 받기도 했다.

1989년 장벽해체와 함께 소실되었던 '페인팅을 통해 장벽을 파괴한다'는 의미를 담은 벽화

앤디 워홀과도 가까운 친구가 되었고 팝가수 마돈나와 함께 작품을 하였다.(뉴욕의 예술가들은 연결과 허브 장소의 중요성을 본능적으로 알아차린 것 같다. 셀럽끼리 뭉쳐서 새로운 파워 집단을 만들어 낸다) 그는 특히 사회 문제에 많은 관심을 가져 낙서를 통해 대중들과 소통하며 새로운 메시지를 전달하고자 했다. 베를린 장벽에 사람 형상의 손과 발이 연속적으로 맞물리는 듯하게 그린 이 작품은 장벽이 지녔던 좌절과 분열에 대치하여 인간의 연합을 표현하고 있다. 키스 해링의 벽화 중 유명한 이 작품은 이탈리아 샌 안토니오 교회의 벽화다. 생명과 죽음 인생의 본질적인 주제들을 표현하고 있다. 그는 그림뿐 아니라 대형 벽화 광고판 등 엄청난 양의 작품들을 창작하였다. 또한 그는 마약 퇴치, 인종차별 등 사회 문제 계몽에 앞장섰으며 남아프리카 인종차별 문제를 그림을 통해 맞서 싸웠다. 1986년 뉴욕 고속도로를 지나가는 운전자들이 볼 수 있는 벽면에 '크랙 이즈 웩(CRACK IS WACK=마약은 안돼)'이라는 유명한 벽화를 그렸다. 당시 자신의 작업 조수의 마약 중독을 걱정해서 이 작품을 그린 것이다. 해골과 마약에 중독된 영혼들을 묘사한 밝은 오렌지색과 그 작품의 특징인 검은 윤곽선으로 인물들을 그렸다. 그리고 큼직한 글씨를 적어 놓았다. 동성애자였던 키스 해링은 1987년 에이즈의 창궐을 온몸으로 경험하며 결국 그 병의 희생자가 되고 말았다. 1988년 에이

즈 진단을 받고 31살이라는 어린 나이에 생을 마감한 경우 피해자인 자신 그리고 에이즈 운동 단체를 위해 무진행 공포 작품을 제작한다. 1986년에는 맨해튼의 전통적인 갤러리에서 벗어나 대중들에게 쉽게 다가가기 위해 누구나 자신의 작품을 즐길 수 있도록 스스로 팝업 샵을 열기도 했다. 대중들이 해링의 포스터와 티셔츠와 같은 작품들을 직접 구매할 수 있었다. 미술은 대중들과 가까워져야 한다고 생각한 그는 고급 미술을 대중 미술로 변화시키기 위한 노력을 끊임없이 하였다. 낙서와 예술의 경계를 허물고 자기 작품을 통해 사회의 메시지를 전하려고 했던 키스 해링! 그는 더 많은 일반인도 예술을 쉽게 이해할 수 있도록 끊임없이 대중들과 소통하고자 노력한 아티스트였다. 그의 그림은 지금까지도 많은 사랑을 받고 있으며 팝아트 속 하나의 아이콘으로 자리 잡고 있다.

키스해링의 그림은 다양한 브랜드에서 콜라보를 통한 상품을 제작 및 판매하고 있다.

뉴욕의 이미지를 차용한 키스 해링의 작품 '무제'(1989)

" 비즈니스 관점 "

1. 키스 해링은 골치 아픈 주제를 단순화시켜 직관적으로 이해시키는 탁월한 재주를 가졌고, 본인 스스로 팝업을 여는 등 대중에게 적극적으로 다가가려고 노력했다.

2. 앤디 워홀, 쿠사마 야요이, 바스키아, 키스 해링, 다음에 나오는 카우스와 무라카미 다카시 모두 현대 자본주의의 특징 및 연결의 중요성을 누구보다도 빨리 제대로 깨닫고 실천했다.

3. 또한 이들은 어떻게 해야 주목받고 화제의 중심에 서는지 그 바탕에 서서 모든 작품 활동을 했다.

4. 뉴욕=키스 해링이다. 생전에 뉴욕의 별명인 빅애플로 작품 활동을 했으며 뉴욕의 이미지를 본인의 이미지로 차용했다. 이렇게 차용된 이미지는 더욱더 키스 해링의 브랜드에 큰 도움이 되었다.

카우스
BTS도 반한 마케팅 예술가

2019년 6월 중국의 유니클로 매장에 사람들이 갑자기 몰려들었다. 이날은 미국의 아티스트 카우스와 유니클로의 콜라보 옷이 발매된 날이었다. 사람들은 카우스의 옷을 사려고 밤샘하며 줄을 섰다. 그리곤 전력 질주해서 오픈런을 했다. 옷을 차지하려고 서로 싸움까지 했고 1인당 구매 수량을 제한했는데도 십 분도 안 돼 물량이 동났다. 전 세계적으로 카우스의 인기를 여실히 보여주는 장면이었다. 이런 장면은 또 있었는데 홍콩 소더비 경매에서 카우스

KAWS. 브라이언 도넬리(1974~)

의 심슨 작품이 신기록을 쓴 것이다. 9억 원에서 시작한 작품 가격은 빠르게 올라가서 전화로 누군가 원하는 가격을 말하면 또 한쪽에서 더 높은 가격을 불렀고 결국 최종 낙찰가는 167억 원으로 시작가의 18배가 넘는 금액이었다. 사실, 이때만 해도 카우스

의 인기가 과열됐으며, 단 한 번의 이례적인 낙찰이었다고 말한 사람이 많았는데 한 달 뒤 뉴욕에서 열린 필리스 경매에서 이런 논란은 수그러들었다. X자 눈을 가진 카우스의 스폰지밥 작품이 7억 원으로 시작해서 70억 원에 낙찰되었기 때문이다.

KAWS의 심슨가족 작품   KAWS의 스폰지밥

카우스는 현대 미술계의 슈퍼스타다. 카우스의 아트토이는 밀레니얼 세대가 가장 갖고 싶어 하는 수집품 1순위로 꼽는다. 경매에 나올 때마다 천문학적인 가격으로 낙찰되고 카우스의 영향력도 엄청나다. 카우스의 인스타그램(Instagram)팔로워 수는 390만 명이 넘는다. 카우스는 MTV 뮤직비디오상의 트로피를 제작했고 잡지 뉴요커의 표지를 장식했다. 2019년 디올 패션쇼에서는 10m 높이의 대형 카우스가 등장했다. 7만 송이의 꽃으로 꾸며진 이 카우스는 디올의 창업자 크리스티앙 디올을 형상화하였다. 또 카우스는 전 세계 셀럽들이 가장 사랑하는 아티스트다. 드레이크의 뮤직비디오에 등장했으며, 저스틴 비버의 집에도 퍼럴 윌리엄스의 집에도 카우스의 작품으로 꽉 채워져 있다. BTS의 카우스에 대한 사랑도 유명한데 그들 서로가 직접 만나기도 했다. 심지어 쿠알라룸푸르 한인타운 내에 있는 원몽키아라 건물 1층에 카우스 작품 짝퉁을 대놓고 팔기도 했다.

Dior 패션쇼에 등장한 10m KAWS

브라이언 도넬리! 카우스의 진짜 이름이다. 1974년 미국 뉴저지에서 태어났다.(뉴 저지는 뉴욕 바로 옆이다. 카우스가 뉴욕에서 활동하게 된 계기라고 볼 수도 있다) 뉴 욕의 명문 디자인 대학인 'SVA(School of Visual Arts)'를 졸업했고 월드 디즈니의 스 튜디오 중 하나인 '점퍼 픽쳐스'에서 애니메이터로 일했다. 낮에는 애니메이터로 일 하고 밤이 되면 그라피티 아티스트(길거리 낙서 예술가, 이 점은 바스키아, 키스 해링 과 같다. 이렇게 뉴욕은 길거리 낙서 예술가가 탄생하고 성장할 수 있는 분위기와 여 건이 갖추어져 있다)로 변신했다. 처음에는 다른 낙서 예술가처럼 담벼락에 몰래 그림 을 그렸다. 어느 날 그의 동료 아티스트가 놀라운 사실 하나를 알려줬다. "나한테 뉴욕 의 공중전화 부스 광고판을 열 수 있는 열쇠가 있어!" 그리고 그때부터 카우스의 대담 한 기행이 시작된다. 뉴욕 공중전화 부스 버스정류장에 설치된 광고물을 떼어 와서 카 우스 캐릭터를 얹은 후에 다시 붙여놓은 것이다. 심지어 광고물의 위치를 바꾸기도 했 다. DKNY와 GUESS 광고에도 캘빈 클라인 광고에도 카우스의 쌍 'XX'가 얹혔다. 당

Cavin Klein&KAWS 포스터

연히 불법이었지만 사실 카우스는 고소를 당할까 봐 걱정했는데 의외의 반응이 나타나 많은 팬이 생겨났다. 오히려 패션 매거진에 소개가 되었고, 콜레트 (Collete. 프랑스 파리의 유명 편집샵)같은 유명 편집 샵에 초대를 받아 전시를 하기도 했다. 또 카우스의 팬들 사이에서 뉴욕의 공중전화 부스를 샅샅이 뒤져서 카우스 포스터를 떼 오는게 유행이 되는데 그때 카우스가 만든 포스터 중에 제일 유명한 게 이 캘빈 클라인 광고였다. 모델 크리스트 텔링턴 위에 카우스 캐릭터를 덧댄 작품인데 훗날 이 작품은 1억 5,000만 원에 판매가 되었다.

KAWS 컴페니언 피규어 중 하나

그리고 카우스는 1999년 자기 출세작을 내놓았다. 컴페니언 피규어였다. 일본의 패션에서 '바운티 헌터'와 손잡고서 500개 에디션을 만들어서 판매했는데 판매 시작과 동시에 완판이 됐고 컴페니언 피규어는 전 세계에서 가장 인기 있는 수집품이 되었다. 이후 카우스는 그라피티, 광고, 회화, 조각 토이 등 다양한 분야를 넘나들면서 작품 활동을 했다. 순수 예술과 산업 예술 경계를 허물어서 제2의 앤디 워홀이라고 불리게 되었다. 사실 카우스는 그림 실력이 가장 뛰어난 아티스트는 아닐지도 모른다. 또 카우스가 과대평가 되었다고 혹평하는 평론가들도 여전히 많다. 그러나 한 가지 확실한 건 카우스가 자신의 작품을 세상에서 제일 잘 파는 세일즈맨이자 마케터라는 사실이다. 20년 이상 정상의 자리를 지켜온 이 세일즈맨의 기법은 뭘까? 스스로 브랜드가 된 아티스트들은 자신만의 상징을 가지고 있다. 버질 아블로의 큰따옴표, 톰 삭스의 손으로 덕지덕지 만든 작품, 무라카미 다카시의 일본 애니메이션 같은 발랄하고 깜찍한 그림, 카우스도 자신만의 상징이 있는데 컴페니언이라는 캐릭터다. 사실 카우스가 만든 컴페니언은 굉장히 독특한 캐릭터인데 미키마우스의 몸에 해골의 머리가 더해졌다. 눈에는 X자 표시가 새겨졌다. 그러니까 표정이 전혀 들어가지 않는 캐릭터인 것이다. 그 말은 슬픔, 연민 그리고 유머에 이르기까지 아주 다양한 감정으로 해석될 수 있다는 것인데 캐릭터의 특징이 뚜렷하다 보니 처음에는 호불호가 많이 갈렸다. 색이 칙칙하다! 너무 단순하다! 너무 어둡다! 시체 같다! 그런데 카우스가 잘한 게 뭐냐면 이 컴페니언은 20년 이상 끌고 갔다는 것이다.(이 점에 주목해야 한다. 익숙해질 때까지 밀고 나가는 힘 우리가 어떤 분야에서 성공하려면 30여 년의 시간이 필요하다. 그 분야의 기초를 익히는 10년, 그리고 쌓아가는 10년! 여기까지는 성공하는 시기가 아닌 성장하는 시기이고 이렇게 20여 년을 보낸 후 마지막 10년에서 꽃 피운다. 이때 성공이 찾아온다. 따라서 바람직한 어려움을 참을 수 있는 인내력은 모든 성공의 기본이 된다) 누가 욕을 하든지 말든지 신경 쓰지 않고 자기 캐릭터를 지켜온 것이다. 카우스는 사람들이 컴페니언에 익숙해지는 게 중요하다고 봤다.(이렇게 사업이든 예술이든 흔들리지 않는 자신만의 가치관과 철학이 중요하다) 익숙해지면 좋아할 것이라 생각했고, 그 결과 이제 사람들은 저 XX자 표정을 보면 바로 카우스를 떠올리게 됐다. 카우스에게 비호감을 표시하는 사람들도 거의 없어졌다. 이것이 익숙함의 위력이다.

여러분도 처음에 여러분만의 상징을 내놓게 되면 사람들이 기대했다는 듯이 열광하게 될 가능성이 높지 않을 것이다. 그럴 때 카우스의 컴페니언을 기억하라! 꾸준히 오래오래 노출시키는 것! 언제까지? 모두에게 익숙해질 때까지! 친숙한 놀라움! 20세기 최고 히트 메이커 레이먼드 로이가 말한 히트 공식이다. 레이먼드 로이는 코카콜라 병과 럭키 스트라이크 담뱃갑을 디자인한 인물로 유명하다. 사람들은 놀라움과 친숙함을 겸비한 제품에 매력을 느낀다는 것이다. 이 사실을 꿰뚫고 있던 사람이 앤디 워홀이었다. 앤디 워홀은 늘 사람들에게 익숙한 대중문화의 아이콘을 소재로 썼다. 캠벨 수프 캔, 마릴린 먼로, 마이클 잭슨, 마오쩌둥 이 아이콘들을 실크 스크린으로 찍어서 친숙함과 놀라움을 겸비한 작품을 만들었다. 카우스도 친숙한 놀라움을 만드는 데 장인의 실력을 발휘한다. 이 점은 무라카미 다카시도 마찬가지다. 카우스의 분신과도 같은 컴페니언이 바로 모두에게 친숙한 미키마우스를 변형시킨 캐릭터였다. 카우스는 다

른 유명 캐릭터를 차용하는 데도 거침이 없었다.(어떻게 보면 뻔뻔하다고도 볼 수 있다) 스누피, 스머프, 백설공주, 스펀지밥, 심슨 그리고 친숙한 놀라움을 만드는 데 가장 좋은 방법은 역시 브랜드와의 콜라보만한 것은 없다. 나이키, 베이프, 슈프림, 휴먼메이드, 꼼데가르송 같은 브랜드와 협업했다. 얼마 전에는 노스페이스와의 콜라보가 화제가 되었다.

KAWS와 노스페이스의 콜라보 자켓

지금 예술계에서 카우스만큼 기업들로부터 러브콜을 받는 작가가 없는데 그 비결이 바로 친숙한 놀라움이다. 솔직히 카우스 입장에서는 이 작업이 그렇게 어려운 일은 아니다. 대중문화의 아이콘을 가져다가 그 위에 자신의 트레이드 마크 'XX'자만 새기면 되니까 말이다. 한마디로 봉이 김선달이 따로 없다. 또 카우스는 동에 번쩍 서에 번쩍하는 아티스트로 유명하다. 예술가는 이런 곳에서 전시해야 한다는 고정관념을 모두 무너뜨리는 중이다. 이건 카우스가 거리에서 그림을 그리던 그라피티 아티스트 출신

에 기반한 것이다. 카우스는 28m에 달하는 거대한 컴페니언 인형을 들고서 전 세계를 순회했다. 일본의 후지산, 서울의 석촌호수, 중국의 눈 덮인 산에서도 카우스를 만날 수 있었다.

대한민국 석촌호수에서 열렸던 KAWS Holiday

2020년에는 컴페니언을 진짜 우주로 보내기도 했다. 컴페니언은 미국의 메이시스 백화점 추수 감사절 퍼레이드에도 등장했다. 아주 생경한(생소하고 놀라운) 광경이었다. 밝게 웃고 있는 다른 인형들 사이에서 컴페니언 인형 혼자서만 부끄러운 듯 두 손으로 얼굴을 가리고 있었다. 그리고 요즘 카우스는 증강 현실에 완전히 꽂혀 있다.(시대 흐름을 잘 포착하고 선도하는 능력 또한 카우스의 탁월한 능력이다. 돈을 잘 벌 수밖에 없다) 스마트폰을 통해서 언제 어디서나 컴페니언을 볼 수 있도록 한 것이다. 그리고 카우스는 세계적인 게임 포트나이트에도 들어갔다. 작년 10월 할로윈 시즌에는 해골 모양의 카우스 스캔을 공개했다. 그 후에 아예 포트나이트 게임 안에서 전시회까지 개최했다. 전 세계 포트나이트 유저들이 카우스의 작품 사이사이를 뛰어다니면서 게임을 할 수 있도록 한 것이다. 카우스가 한 말이다. "저는 항상 제 예술을 보여주는 새로운 매체를 탐구하는 것을 좋아합니다. 포트나이트와의 협업은 전시회를 여는 데 현실과 가상 공간의 구분이 없어졌음을 뜻합니다." 카우스가 늘 새롭게 느껴지는 것도 이런 모습 때문이다. 카우스는 절대로 한곳에 머물지 않는다. 그것이 현실에 있는 공간이 아니라 할지라도. 카우스가 세계 최고의 세일즈맨이 된 비결 이제 감이 좀 오시나요? 독창적인 캐릭터를 만들어서 사람들이 익숙해지게끔 했다. 친숙한 놀라움의 연장선상이고 늘 새로운 접점을 찾아서 팬들과 소통했다. 카우스 같은 특급 세일즈맨 되기! 먼저 여러분 만의 상징물을 만드는 데서 시작하라! 모두에게 익숙해질 때까지 그 상징물을 지킬 생 각은 필수다. 우리는 모두 성공을 꿈꾸고 있다.

무라카미 다카시
아시아의 앤디 워홀

무라카미 다카시는 '일본 특유의 오타쿠 문화를 순수예술의 영역으로 끌고 왔다'라는 평가와 아시아의 앤디 워홀이라는 평가를 동시에 받는 작가다. 실제로 그의 작품을 보면, 오타쿠 문화에서 영향을 받은 조각 작품 그리고 회화 작품을 어렵지 않게 찾아볼 수 있다. 무라카미 다카시는 단순히 오타쿠 문화의 상징을 순수예술로 가져와서 조각을 만들고. 붓으로 그려낸 것뿐만이

무라카미 다카시(1962~)

아니라 그 이상의 노력과 고민을 해 왔다. 무라카미 다카시가 성공한 예술가가 된 6가지 이유가 있다.

① 서양미술 비즈니스의 철저한 분석과 대비

② 서양미술에서 통할 일본적인 아이템의 선정과 믹스 전략

③ 뉴욕이라는 허브 선택

④ 효과를 극대화하는 콜라보 협업

⑤ 효율을 극대화하는 위임, 철저한 비즈니스 맨

⑥ 새로운 시장의 개척

　① 　무라카미 다카시는 도쿄예술대학에서 박사학위까지 받은 인물이다. 당시 일본화 박사학위는 최초였다. 그런데 재미있는 점은 무라카미 다카시가 '그간 미술대학에 대해서 부정적인 입장을 취해왔었다'라는 점이다. 무라카미는 본인의 책에 "일본의 미술대학은 생계를 꾸려나가는 방법을 가르쳐주지 않으며 현실로부터 동떨어진 곳이다"라고 이야기를 했었다. 그러면서도 학사 그리고 석사를 거쳐 박사까지 받은 데에는 뚜렷한 목적과 이유가 있었다. 세계 미술에서 다뤄지는 규칙을 배우기 위함이었다. 무라카미는 2006년 출간한 본인의 책 '예술기업론: 책 제목 자체를 보듯 무라카미는 철저

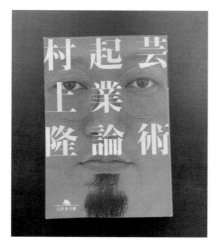

한 비즈니스맨이다.'에서 이토록 미술 공부를 오랫동안 한 이유를 밝힌다. "저는 어릴 때부터 그림을 그려왔습니다. 대학에서는 일본화를 배웠고 어느 시점에서부터 순수예술의 세계에 발을 내디뎠습니다. 그곳에서 판명한 것은(밝혀지고 드러난 것은) 순수예술의 세계에는 정해진 규칙이 있는 게임이 행해지고 있다는 것입니다."

다카시의 얼굴이 표지로 들어간 예술기업론

그가 말하는 '정해진 규칙'은 서양 미술사에서 반복적으로 나타나는 문맥을 의미한다. 일본을 뛰어넘어서 서양미술에 도전하기 위해서는 서양미술의 문맥을 공부할 필요가 있다고 생각했다. 본인의 것을 선보이기 위해 일종의 시장조사를 한 셈이다. 이 시기에 무라카미는 일본과 동양을 어떻게 섞을 것인가를 연구했다. 또한 서양에서 먹힐 일본다움을 찾아내는 시기가 바로 이 시기였다. 한마디로 무라카미가 학교에 오래 몸담은 이유는 해외 미술 시장을 공략하기 위해서였고 그는 학교에서 전 세계 미술계가 어떻게 돌아가는지를 파악하고 싶어 했다. 그가 외치는 말은 다음과 같다. "허브 미술(서양미술)의 역사와 문맥을 모르는 건 스포츠의 규칙을 모르고 그 경기를 재미없다고 말하는 것과 같습니다" 이렇게 통하는 미술을 분석하고 해결책을 만들어서 전략적으로 뛰어들었다는 점이 무라카미의 첫 번째 성공 요소다.

② 무라사키 다카시가 일본화를 전공한 것도 해외 진출을 위한 포석이었다. 일본화는 일본과 유럽의 전통 회화 기법을 결합한 그림인데 무라카미는 일본화를 연구하면서 일본과 서양의 미술을 어떻게 섞을지 고민했다. 참고로 물방울무늬 호박으로 유명한 아티스트 쿠사마 야요이의 전공도 일본화였다. 결국 무라카미 다카시는 세계에서 통할 만한 일본다움을 발견했는데 바로 일본 애니메이션이었다. 도라에몽, 헬로키티와 같은 애니메이션이야말로 일본다움의 원천이라고 생각했고. 서양인들도 일본 애니메이션을 쉽게 소비할 수 있을 거라고 판단했다. 무라카미 다카시는 1993년 '미스터 도브'라는 캐릭터를 발표했다.

미스터 도브(Mr. DOB 1993)

일본의 도라에몽과 미국의 미키마우스를 반반씩 섞은 캐릭터다. 이후에도 무라카미에 의한 일본과 서양 섞기는 계속됐다. 그렇게 다양한 사례를 만들었다. 패럴 윌리엄스 같은 미국 아티스트 뮤직비디오를 만들 때도 일본 애니메이션 같은 캐릭터를 창조했다. 그 결과 무라카미 다카시는 서구권에서 먼저 인기를 얻었다. 일본과 서양이 섞인 무라카미의 작품은 앤디 워홀과도 제프 쿤스와도 확실히 달랐다. 그런데 정작 일본에서는 무라카미 다카시를 인정하는 사람이 드물었다. 온갖 비난이 무라카미에게 날아들었다. 스스로 대단한 걸 창작할 수 없으니까 일본 콘텐츠를 끌어모았네! 애니메이션이나 만화를 베껴서 비싸게 팔아먹는 사기꾼이네! 그러나 무라카미 다카시는 이러한 말들에 조용하지만 당당하게 대꾸했다. "일본 애니메이션의 개성을 증폭시켜서 전 세계인의 공감을 얻은 작가가 저 말고 또 있었나요?" 무라카미의 당당한 태도에 일본에서 그를 비난하는 목소리는 점점 잦아들었다.(익숙할 때까지 20여 년을 꿋꿋하게 버틴 카우스와 마찬가지 사례다.) 무라카미 다카시의 사례는 한 한국의 아티스트들이나 우리에게도 시사하는 바가 크다. 가장 한국적인 것이 가장 세계적이라는 말은 반만 맞는 말이다. 세계에서 통하려면 한국의 문화와 서양의 문화를 섞어야 한다. 한마디로 믹스, 혼합이 되어야 하고 이 점에 있어서 무라카미 다카시는 섞기의 천재다.

원래 무라카미 다카시의 꿈은 만화가였다. 무라카미는 어려서부터 만화 영화에 푹 빠진 오타쿠였다. 은하철도 999, 우주 전함 야마토를 보면서 만화가의 꿈을 키워나갔는데 문제가 있었다. 무라카미 다카시에겐 그림을 잘 그리는 재능이 부족했다. 가정 형편상 하루빨리 돈을 벌어서 가족들을 부양해야 했다. 결국 무라카미 다카시는 만화가의 꿈을 내려놓았고 현대미술 작가로 데뷔했다.(역경을 발판으로 승화시킨 것! 이 점은 우리가 꼭 배워야 한다) 무라카미 다카시는 자신의 숨겨진 재능을 발견했는데 그것은 아이처럼 그리는 능력이었다. 무라카미 다카시의 그림은 7살짜리 아이 그림 같았다. 꽃, 문어 버섯 캐릭터는 하나같이 천진난만했고 색감과 선은 지나치게 발랄했다. 그런데 반전은 이 그림이 내포한 메시지였다. 겉보기와는 달리 이 그림 안에는 어른들의 어두운 욕망이 담겨 있었다. 개발 만능주의 속에서 채워지지 않는 인간의 욕망, 몸에 문제가 생기면 자신의 다리까지도 먹어 치우려는 탐욕스러운 문어, 심지어 이 깜찍한 꽃 캐릭터조차 히로시마 원자폭탄 투하에서 영감을 받았다. 활짝 웃는 얼굴 이면에 공포를 담아냈다. 귀여움과 재앙! 이건 아주 다르지만, 사실 같은 것에서 나온다. 그러니까 무라카미 다카시는 아이의 탈을 쓰고서 어른 그림을 그리는 것이다. 이 그림에 남녀노소 할 것 없이 마음을 활짝 여는 것이다. 사람들은 어른과 아이의 세계를 섞는 것이 아주 파워풀하다고 느꼈다. 오랜 기간 인기를 끈 캐릭터 중에 유독 조숙한 꼬마가 많은 것도 그 때문이다. 5살짜리 남자아이 짱구는 매우 성숙한 이성 취향을 지녔고 심슨 가족은 깜찍한 외모로 미국 사회 부조리를 풍자한다. 귀여운 테디베어 인형 테드는 변태 취향을 가지고 있다. 모두 어른과 아이를 섞어서 히트한 캐릭터들이다. 생전에 피카소가 말했다. "라파엘로처럼 그림을 그리기 위해서는 4년이 걸렸지만, 아이처럼 그림을 그리기 위해선 평생을 소비했다." 무라카미 다카시도 피카소처럼 그리는 아티스트라고 할 수 있다. 그는 늘 어른의 주제를 유아틱한(유치한) 그림에 담아왔다. 그리고 한때 만화가를 꿈꿨던 무라카미 다카시에겐 잘 그리는 것보다 아이처럼 그리는 능력이 훨씬 더 가치 있었기에 그것을 실현했다.

③ 일본 애니메이션 문화에 대한 확신을 가진 채로 31살의 나이에 뉴욕 유학길에 오르게 된다.(만약 무라카미의 뉴욕 유학과 뉴욕 활동이 없었다면 지금의 무라카미는 존재하지 않는다. 이렇게 장소와 연결로서의 허브의 역할은 무척 중요하다) 여기서 유학 생활 중 허브 역할을 하는 갤러리 마케터들과의 친분을 쌓고 그들이 무엇을 원하는지에 맞춰 맞춤 제작을 한다. 중요한 건 허브 장소뿐만 아니라 허브가 되는 사람들과의 교류다. 이렇게 해서 아시아의 앤디 워홀이 탄생하게 된다.

④ '최초로 루이비통과 협업한 아티스트는 누구인가?' 이렇게 질문하면 서양의 아티스트를 떠올리지만, 실제 정답은 무라카미 다카시다. 오늘날에는 많은 현대 미술가들이 루이비통과 협업을 하기는 하지만 당시에는 그런 사례가 없었다. 당시 루이비통은 철저히 전략적으로 무라카미와 협업을 진행했다. 당시 루이비통의 가장 큰 시장이 일본이었다. 일본 출신의 현대 미술가 중 가장 핫했던 작가인 무라카미는 일본 매출 신장에 도움을 줄 것이 분명해 보였고 무라카미가 선보이는 오타쿠 스타일의 일본 애니메이션 작품이 젊은 고객을 유치하기에도 제격이었다. 밝은 색감 그리고 귀여운 캐릭터는 루이비통의 명품 럭셔리한 이미지를 한결 가볍게 만들어줄 것이었기 때문이다. 당시 무라카미의 인지도나 인기는 지금에 미치지 못했지만, 루이비통의 예상은 적중했다. 결론적으로 양쪽 다 원원 결과를 만들어 냈고 이후 무라카미는 콜라보, 즉 협업에 주력하게 된다. 젊은 고객을 유치하기에도 제격이었다. 밝은 색깔 그리고 귀여운 캐릭터는 루이비통의 명품 럭셔리 이미지를 한결 가볍게 만들어줄 것이었기 때문이다. 보수적이

루이비통과의 협업을 위해 다카시가 직접 디자인한 캐릭터 'Panda'와 패턴

고 무거운 느낌의 루이비통 패턴은 무라
카미에 의해서 밝은 흰색으로 바뀌게 되
었고 다양한 색상을 활용해서 키덜트풍
의 젊은 이미지가 되었다. 이들이 협업
해 만든 제품들은 출시 직후 뜨거운 인
기를 얻게 된다. 루이비통은 젊은 감성
의 라인을 선보이면서 높은 매출을 기록
할 수 있었고 무라카미 다카시는 세계

루이비통X무라카미 컬렉션 - 포쉐트 악세수아

최고 럭셔리 브랜드의 예술성을 인정받으면서, 대중적인 작가로 자리매김할 수 있었다.
이 경험을 통해 무라카미는 작품을 상품화하는 것에 대한 프레임이 만들어진다.

　사람들이 예술의 상업성을 비판하기보다 만들어진 결과물에 대해서 유쾌하고 긍
정적으로 즐겁게 받아들였기 때문에 무라카미는 '카이카이 키키'라는 자신의 회사를
통해서 본인의 작품을 더 대중적으로 보급할 계획을 세운다. 대량생산체제를 갖추고
활발한 협업으로 대중성 확보를 하면서 부자들도 동시에 공략해 나간다. 처음에 부자
들만을 공략 대상으로 삼았다가 루이비통이라는 초 럭셔리 기업과 협업한 이후 무라
카미 다카시가 선택한 건 대중화의 표준인 다름 아닌 편의점이었다. 더 다양한 대중에
게 더 넓게 다가가기 위함인데 이 전략은 명품으로 인정 받기 위해서는 널리 짝퉁이 존
재해야 한다는 이론과 맥을 함께한다. 일단 무수한 예술가 중에서 나를 알아야 돈이
생기면 나의 진품 혹은 희소한 작품을 고가에 소유한다는 통찰력 있는 판단인데 이건
오스트리아 예쁜 호수마을 할슈타트 마을을 통해서 증명되었다. 중국에서 오스트리
아 할슈타트의 멋진 풍경과 마을을 그대로 모방하여 짝퉁 마을을 지어서 처음에는 할
슈타트 마을에서 항의했지만, 몇 년 뒤에 짝퉁 마을을 경험한 중국 사람들이 진짜 할
슈타트 마을에 관광을 와서 결국 감사패를 전달했다. 무라카미는 지금은 비록 저가 미

술품을 소장하지만 나이가 들거나 부를 축적하면 비싼 자기 작품을 소비할 것을 알았다. 무라카미는 '슈퍼 플랫 미술관'이라는 이름의 패키지를 만든다. 이 패키지 안에는 작은 피규어가 들어 있는데 다섯 개의 시리즈에 각각 10개의 캐릭터가 있어서 총 50종의 피규어를 선보였다. 각 피규어에는 모두 일련번호가 있었고 총 3,000세트만 생산을 했다. 엔화 약 350엔(약 3,500원) 정도로 저렴했지만, 한정 수량이라는 점, 일련번호가 있다는 점, 작품에 대한 설명서도 동봉이 된다는 점 등이 컬렉터의 심리를 자극했다. 실제 무라카미의 작품을 본떠서 만든 것들인데 실제 작품들은 약 5억 원대에 판매가 되고 있었기 때문에 단돈 3,500원 정도로 무라카미의 작품을 소장할 수 있다는 건 굉장한 메리트였다. 이렇게 편의점에서 피규어를 판매하면서 무라카미는 대중과의 접점을 늘려나간다. 세상의 예술 작품을 편의점에서 판매하는 발상! 놀랍지 않은가? 그리고 같은 시기 미국에서는 또 다른 접점을 만들고 있었다. 뉴욕에서 선보인 통가리 군(Tongari Kun)이라는 작품이었는데 높이 5m가량의 이 조각은 뉴욕의 상징인 록펠러 센터 앞에서 전시가 되었다. 이 전시를 계기로 뉴욕 미술계에서 무라카미의 위상이 대단히 높아지게 된다. 루이비통과의 협업, 편의점 콜라보, 록펠러 센터 앞 야외 전시 이 세 가지가 맞물리면서 무라카미의 인지도와 명성을 높이는 데 큰 몫을 했다. 이제 전 세계의 대중 그리고 평단이 무라카미 다카시를 주목하게 되었다. 록펠러 전시 이후 무라카미의 '마이 론썸 카우보이(My Lonesome Cowboy)'는 158억 원에 낙찰이 됐다. 평단과 대중 모두가 알아주는 인지도 있는 예술가가 된 덕분이었다.

뉴욕 록펠러 센터 앞의 'Tongari Kun'

⑤ 아시아의 앤디 워홀이라는 별명처럼 컨셉이나 방향은 본인이 잡고 나머지는 조수 차원이 아닌 직원 차원으로 대량생산 시스템을 갖추었다. 한마디로 예술 공장을 뛰어넘은 예술회사를 만들었다. 지금까지 예술가 중에서 직원 200여 명을 고용한 것은 무라카미가 최초. 현재 무라카미의 개인회사 '카이카이 키이'는 무라카미의 저작권 관리를 비롯해 전시, 작품, 제작, 작품 판매, 굿즈 기획과 판매 협업, 애니메이션 제작 등 많은 부분을 아우르고 있다. 직원만 200명이 넘고 이 덕에 무라카미는 막대한 부도 쌓고 이 부를 기반으로 더 많은 작품을 선보일 수 있었다. 그리고 '카이카이 키이'의 대표로서 무라카미는 본인의 예술가적인 입지를 더 확고히 하면서 사업가로서의 면모 또한 확실하게 구축했다. 무라카미 다카시는 타임지가 선정한 세계에서 가장 영향력 있는 100인에 선정되기도 했고. 아트 비즈니스의 규칙을 새롭게 쓴 현대미술 작가로 꼽힌다. 무라카미 다카시의 인스타그램 팔로워 수는 255만 명에 육박하고. 무라카미 작품은 경매상에서 매년 2백억 이상이 거래된다. 물론 무라카미 다카시에게 늘 좋은 시절만 있었던 건 아니다. 2020년에 터진 코로나 팬데믹으로 무라카미는 최악의 위기를 맞이했다. 모든 전시가 취소됐고 9년을 쏟아부은 SF 영화의 제작이 중단되었다. 무라카

미 다카시는 자신의 회사 카이카의 키이가 파산 위기에 처했다고 고백했다. 규모가 큰 만큼 불황이나 팬데믹에선 더 큰 손실로 다가올 수밖에 없었다.

⑥ 무라카미 다카시는 아무도 예상하지 못한 곳에서 재기를 모색했는데 바로 NFT 시장이었다. 무라카미의 대표작 플라워 시리즈를 디지털 픽셀로 구현해서 발행했다. 또 가상 운동화 제조사 'RTKFT'와 협업해서 3D 아바타 캐릭터 '클론 X(Clone X)'를 출시했다. 클론 X는 출시한 지 1년 만에 520억 원에 거래되면서 대성공을 거두었다. 무라카미 다카시는 가상 세계에서 유일하게 성공한 기성 작가가 되었다.

여기까지가 지난 30여 년간 무라카미 다카시가 이룬 성취의 성공 요인이다. 무라카미 다카시의 성공 비결을 한 단어로 말하면 믹스(mix)다. 무라카미 다카시는 섞기의 천재다. 무라카미 다카시는 아티스트를 포함한 모두에게 강력한 메시지를 전한다. 철저히 비즈니스맨처럼 행동하세요! 팔릴 만한 제품을 출시하세요! 고객을 세심하게 관찰하고 필요하면 과감하게 사과도 하세요! 이것이 나이 60에도 끊임없이 새로운 먹거리를 찾는 비즈니스맨 무라카미 다카시의 가르침이다. 무라카미 다카시는 동양과 서양을 섞었다. 어른과 아이를 섞었고 예술과 비즈니스를 섞었다. 이것이 무라카미 다카시가 지난 30여 년 동안 팔리는 브랜드의 자리를 지킨 비결이다.

chapter . 4

어떻게 벵갈루루에
진출할 것인가?
천국과 지옥이 공존하는 인도

화이트 타이거로 본
인도의 현실과 미래

인도의 실리콘 밸리 벵갈루루에서 성공한 벤처 사업가 발람.

인도 북쪽 농촌 지방에서 태어난 그는 출신 카스트마저 미천하다. 찢어지는 가난에 부양해야 할 가족마저 주렁주렁 있는 상황. 어린 시절 특유의 영특함으로 선생님에게 '화이트 타이거'라 불렸지만, 발람(아르다시 구라브 분)은 집이 가난해 학교도 다 마치지 못했다. 그랬던 그가 어떻게 성공한 사업가가 돼 부를 이뤘을까? 넷플릭스 오리지널 영화 '화이트 타이거(White Tiger, 2021)'다. 영화 화이트 타이거는 신나는 음악과 댄스가 넘치는 기존 발리우드 영화와 완

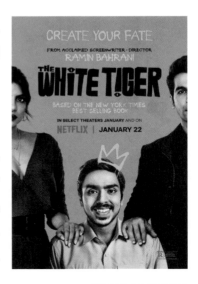

넷플릭스 오리지널 영화
'화이트 타이거(White Tiger 2021)'

전히 결이 다르다. 어둡고 처연하며, 때로는 처절하기까지 하다. 2008년 맨부커상을 수상한 동명 소설이 원작으로, 원작 소설가 아라빈드 아디가(Aravind Adiga)는 날카롭게 그린 인도의 현실을 영화 안에 그대로 담았다. 2025년 아카데미 시상식에서 각색상 후보에 오를 정도로 작품성을 인정받았다.

이야기 초반, 영화는 인도의 카스트 제도를 '닭장'에 비유한다. 닭은 닭장에 갇혀 곧 죽을 걸 알면서도 도망치지 않고 가만히 있는다. 심지어 닭장 문이 열려있어도 말이다. 발람은 "인도 사람들이 닭장에 갇힌 닭처럼 도망치려는 생각을 하지 못한다"고 말한다. 영원히 카스트 제도에 묶여 그 처참한 끝을 알면서도 누구 하나 도망치지 않는 것이다. 하지만 주인공 발람은 닭이 아닌 맹수 '화이트 타이거'. 그는 자신의 미천한 신분과 현실을 벗어나기 위해 부단히 노력한다. 발람은 차(茶)를 파는 가난한 가업과 결혼을 강요하는 집안의 요구를 무시하고, 어렵게 부잣집 운전기사로 일을 시작한다. 그가 모시는 인물은 부잣집 막내아들 도련님 아쇽(라지쿠마르 야다브 분). 아쇽은 어린 시절 미국 유학을 다녀온 엘리트다. 다른 카스트 출신의 핑키(프리앙카 초프라 분)와 뉴욕에서 만나 결혼할 정도로 열린 마인드를 가졌다. 발람은 아쇽과 핑키 부부를 통해 자신이 그동안 뿌리 깊은 카스트 제도에 젖어있었음을 깨닫는다. 이후 발람은 아쇽 곁에서 열심히 일하고 배우며 돈을 모은다. 하지만 그가 가난의 늪을 빠져나가려 몸부림을 칠수록 더 깊은 수렁으로 빠진다. 결국, 그는 수렁에서 벗어나기 위해 돌이킬 수 없는 선택을 한다. 닭장에 갇힌 닭이 아니라 운명을 향해 돌진하는 맹수, 화이트 타이거가 되기 위해서.

IMF는 2018년 인도 경제를 '질주하기 시작한 코끼리'라고 불렀다. 과거 인도 경제는 덩치만 크고 더디게 성장한다는 이유로 코끼리라고 불렸다. 하지만 인도는 이미 2017년에 국내총생산(GDP) 규모 2조 5,900억 달러를 달성하면서 프랑스를 추월했고,

2019년 기준 2조 8,751억 달러를 돌파하며 세계 5위 경제 대국으로 성장했다. 물론 신종 코로나바이러스 감염증(코로나19)이란 변수가 생기며 현재 코끼리의 질주가 다소 주춤한다. 하지만 많은 이들이 인도가 조만간 일본을 제치고 G3로 도약할 것으로 분석한다. 이처럼 인도 경제는 갈수록 성장하고 있지만, 문제는 빈부 격차다. 인도의 빈부 격차는 계층·지역별 인프라 차이와 뿌리 깊은 카스트 제도에서 기인한다. 인도의 전체 GDP는 2019년 기준 세계 5위이지만 1인당 GDP는 2,104달러로 세계 116위에 불과하다. (한국은 전체 GDP가 1조 6,463억 달러로 세계 12위, 1인당 GDP는 3만 1,838달러로 세계 27위) 빈부 격차가 큰 만큼 국민 삶의 수준도 천차만별이다. 인도 암바니 가문은 한국 삼성가보다 더 부자지만, 인도 하류층은 여전히 제대로 된 식수나 생활용수조차 공급받지 못하고 있다. 닭이 되지 않으려는 영화 속 발람의 처절한 노력은 인도의 카스트 굴레와 빈부 격차가 얼마나 벗어나기 어려운 것인지 알려준다. 처절한 노력 끝에 그는 결국 화이트 타이거가 되지만, 영화 속 화이트 타이거도 자유롭게 풀숲을 뛰놀지 못하고 또 다른 우리 안에 갇혀 있다. 하지만 인도의 빈부 격차를 돌아보는 화이트 타이거를 다룬 영화의 존재만으로도 인도 사회가 달라질 수 있다는 여지를 보여준다. 인도와 경제성장 면에서 비견되는 중국에서는 사회와 제도를 진지하게 성찰한 영화를 찾아보기 어렵다.

요즘 인도에는 자수성가형 부자가 늘고 있다. 지난해 전 세계에서 가장 재산이 많이 불어난 인물은 인도의 자수성가형 재벌 가우탐 아다니였다. 그는 항만과 발전소를 연결하는 사업망으로 부자가 됐다. 지난해 포브스지가 선정한 인도 10대 부자 중 절반이 자수성가형 부자였다. '2위:가우탐 아다니(아다니 그룹 회장, 항만 사업의 대부)', '3위:시브 나다르(HCL 테크놀로지 창업자)', '4위:라다 키 산 다마니(인도 소매점 애비뉴 슈퍼마켓)' 창업', '6위:사이러스 푸나 올라(바이오 기업 '세럼 인스티튜트' 회장)', '8위:우 데이코 탁(인도의 JP모건으로 불리는 인도 금융가)'

2010년대 인도 경제 성장을 성공적으로 이끌었다는 평가를 받는 모디 총리는 카스트 하위 계급인 상인 신분이었다. 그의 집안은 영화 속 발람처럼 차를 팔았다. 언젠가 인도도 성장하다 보면, 닭장이 아니라 호랑이가 뛰노는 푸른 초원이 될 수 있지 않을까. 제대로 이해하기 위해서 유튜브에 화이트 타이거를 소개한 동영상을 첨부한다. 보고 밑의 내용을 읽으면 훨씬 이해가 빠르다.

'인도라는 나라가 더 이상 발전하지 못하는 이유' 유튜브 영상

영화 <화이트 타이거>
스토리 정리

　　이야기는 주인공 발람 할와이가 2007년 인도를 방문한 중국의 원자바오 총리에게 보낼 이메일을 쓰면서 시작된다. 발람은 인도 벵갈루루에서 가장 잘나가는 택시 회사 '화이트 타이거 드라이버스'의 사장이다. 수많은 택시 밴과 직원들이 그의 밑에서 일하고 있다. 발람은 자신의 인생 이야기를 이메일로 써 내려가며 내레이션도 모두 그가 원자바오에게 전하는 말로 이루어진다. 발람은 어린 시절 인도의 작고 가난한 시골 마을 락스만가르에서 살았다. 발람의 가족은 10명이 넘는 대가족으로 마을에서 찻집을 운영하고 있으며 릭샤 운전사인 아버지나 형 키샨 등 가족들이 번 돈은 전부 할머니 쿠숨에게 들어간다.

　　어린 시절 학교에서 발람은 다른 아이들보다 총명했다. 학교를 시찰하러 온 장학사는 발람의 영특함에 감탄하며 그를 한 세대에 한 마리만 태어난다는 화이트 타이거라며 칭찬하고, 델리에서 공부할 수 있게 장학금을 받을 기회를 마련해 준다. 그러나 아버지가 마을의 대지주인 '황새(락스만가르의 유지로, 사실상 마을을 지배하는 사람이다. 마을의 모든 수입 중 1/3을 징수하며 마을 사람 대부분이 그에게 빚을 졌다.)'에게

진 빚을 갚지 못하고 죽게 된다. 사인은 과로로 인한 폐렴의 악화. 그러자 할머니는 발람에게 학교를 그만두게 하고 먼저 일을 하던 형을 따라 찻집에서 일을 시킨다. 발람과 그의 가족의 카스트인 자티에 해당하는 차이왈라(짜이를 파는 직업군) 자체도 낮은 축에 속하는데 그 안에서도 계급이 나뉘어 있다. 발람은 결국 차이왈라 중에서도 가장 낮은 자리인 석탄 깨는 일을 맡는다. 그렇게 발람은 소년 시절부터 청년이 될 때까지도 찻집에서 석탄을 깨야 했다. 하지만 발람은 찻집에서 손님들의 대화를 엿들으면서 신분 상승의 기회를 엿봤고, 어느날 손님들의 대화에서 미국 유학에서 돌아온 황새의 둘째 아들인 '아쇽'의 소식을 듣는다. 아쇽은 아버지인 황새를 설득해 도시로 나가서 새로운 사업을 하려고 했었고, 그를 보좌할 운전기사가 필요했다. 이에 발람은 할머니에게 돈을 빌려 운전 강습을 들으려 한다. 할머니는 기사 일 하면서 버는 돈을 전부 보낼 것을 조건으로 300루피를 빌려준다. 발람은 옆 동네 단바드로 가서 시크교 운전강사의 푸념을 들으며 운전 실력을 기른다. 어느 정도 실력을 기른 발람은 곧장 황새의 저택으로 찾아가 기사로 받아줄 것을 간청한다. 발람이 락스만가르 출신임을 밝히자 황새는 호기심에 그를 불러들이는데, 여기서 발람은 무릎을 꿇고 온갖 아부를 떨며 사탕발림을 해서 그의 눈에 드는 데 성공한다. 덕분에 발람은 내친김에 운전 테스트까지 보게 되는데, 황새와 아쇽, 그리고 아쇽의 형이자 지독한 성격의 소유자인 몽구스가 같이 탑승한다. 몽구스는 매우 더러운 성격의 소유자였지만, 발람은 이미 찻집에서 엿들었던 정보를 통해 그의 성향도 알고 있었기 때문에 적당히 비위를 맞춰준다. 그 덕분에 발람은 매달 2,000루피를 받는 조건으로 고용된다. 면접 당일에는 돌려보내졌지만, 발암은 몽구스가 락스만가르의 수하에게 전화를 거는 걸 보고 채용되었다는 것을 확신했다. 인도의 주인들은 하인과 그 가족이 어디 사는지, 인질로 잡을 가족이 얼마나 되는지를 조사하고, 가족이 많아 쉽게 도망치지 못하는 사람만 고용하기 때문이다. 그렇게 황새의 저택에 운전기사로 들어왔지만, 막상 발람은 첫 번째 운전기사에 밀려 운전대도 잡지 못한 채 잡일만 계속한다. 발람은 어쩔 수 없이 잡일이나 하며 지낸다. 하루는 가족

회의 도중 황새의 다리 마사지를 해주다가 아숙이 말해준 인터넷이라는 걸 주워듣고선 그날 밤 읍내의 인터넷 카페를 찾아가 구경하며 직접 그 개념을 이해하기도 한다. 이러던 중, 황새의 가족은 정부 소유 탄광을 거저 운영하며 얻는 수익을 유지하기 위해 정치인을 매수해야 했는데, 당선 가능성이 적던 여자 정치인과 뇌물의 액수를 두고 갈등을 빚게 된다. 이 여자 정치인은 낮은 카스트 출신으로, 인도 서민의 꿈을 상징하며 별명이 '위대한 사회주의자'일 정도로 사회주의자에 진보 성향임에도 불구하고 돈을 밝히며 거액을 요구하는 위선적인 모습을 보인다. 요구 금액은 무려 200만 루피. 심지어 황새 가족이 너무 당황해서 즉각 대답하지 못하자, 먼지를 털고 있던 발람을 직접 부르더니 '당신 주인들이 나한테 돈 조금 주겠다는데 어떻게 생각하나요?'라며 망신을 주기도 한다. 발람이 눈치를 보며 대답을 못 하는 사이 몽구스가 끼어들어 빨리 꺼지라고 한마디 했다가 여자 정치인은 오히려 몽구스에게 화를 내고, 마시던 차를 테이블에 뱉어버리며 금액을 250만 루피로 올리고 떠나버린다.

자신들보다 하위 카스트인 정치인에게 엄청난 모욕을 당하고 뇌물 액수까지 오히려 늘어버리자, 황새 가족은 차라리 인도 정치의 수도인 델리에 직접 가서 반대 정파의 거물 정치인을 매수하기로 결정한다. 이는 발람에게도 간절히 꿈꾸던 대도시로 나가는 순간이었는데, 문제는 아숙의 첫 번째 운전기사였다. 발람은 그래서 첫 번째 운전기사를 유심히 지켜본다. 하루는 그가 꼭두새벽에 일어나 요리를 하고 낮에는 식사를 거르는 것, 항상 힌두교 신상에 기도하지만 기도 방식이 좀 다른 것을 이상하게 생각하고 미행하여 그가 모스크를 가고, 라마단을 지키는 무슬림이라는 사실을 알게 된다. 발람은 이 사실을 황새에게 알려 첫 번째 운전기사를 해고하게 시키고 자기가 그 자리를 차지한다. 이 기사가 가족을 이야기하며 애원하지만, 발람과 황새 가족은 냉정하게 무시해 버린다. 이렇게 아숙의 1번 운전기사가 된 발람은 아숙 부부의 델리행에 함께 해 델리에 머무르게 되고, 뇌물을 전해주느라 바쁜 아숙을 보필한다. 아숙은 미국 유학을 받은 엘리트이고 부인 핑키는 12살에 미국 뉴욕으로 이민 간 인도계 미국인인 미국 시민권자이다. 진보적인 교육을 받은 엘리트인 만큼 개방적이고 현대적 마인드를 가진 사람들이었고 황새의 집안 사람들이 발람을 노예처럼 부리고 신체적 폭력도 거리낌 없이 행사하는 것을 매우 혐오하며 발람에게 우호적으로 대하고 인격적으로 대하는 모습을 보인다. 그래서 새로 도착한 델리에서 황새와 몽구스 등과 떨어져서 지낸 기간은 발람에게는 상당히 행복한 시간이었다. 발람은 이들의 아파트에서 같이 지내지는 못했지만, 또래인 이 셋은 매우 가까워진다. 특히 아쇽과 발람은 같이 운동도 하고 게임도 하고 술도 마시며 돈독해진다. 하지만, 이 부부는 점차 인도 사회에 대해 다른 생각을 하게 되는데, 아쇽은 미국 유학 생활을 하며 자유주의적인 서구 사고방식을 가지고 있는 듯했지만 그러면서도 인도 지배계급으로서의 선민의식을 버리지 못하고, 점차 인도의 고질적 문제인 카스트와 차별에 동화된다.

원래 천한 카스트 계급이었으나 12세 때 미국으로 이민을 간 후 대학에 진학하며 신분 상승을 한 핑키는 발람에게 포기하지 말라고 계속 말해 준다. 그래서 이들과 같이 지내며 발람은 처음으로 상위 카스트로 올라가고 싶다는 생각을 하고, 이를 실행에 옮긴다. 발람은 이때부터 주기적으로 몸을 깨끗이 씻고 양치도 하고 옷도 사고 하며 조금씩 말끔해져 간다. 하지만 대도시인 델리의 물가 때문에 소득을 대부분 써버리게 되며 고향에 돈을 부치지 못하게 된다. 이러던 중 핑키가 아쇽과 함께 락스만가르 근처의 친척을 만나러 가게 되어 발람도 고향에 가게 된다. 여전히 가난하고 구질구질한, 정도 가지 않는 고향과 가족들을 만난 발람은 할머니에게 왜 돈을 보내지 않냐고 타박을 받으며 옛날에는 좋아했던 닭고기도 거부한다. 할머니는 올해 안에 결혼하라고 하고 아내도 정해놨다고 한다. 발람은 본 적도 없는 상대와 결혼하기 싫다고 하지만, 할머니는 말이 통하지 않는다. 형은 이미 결혼해서 아이도 있었고 할머니에게 동화된 모습을 보인다. 발람의 표현대로라면 닭장에 갇혀 버린 셈. 발람은 형에게 그러다 아버지처럼 죽을 거라고 소리친다. 한편, 몽구스도 미국 문화에 익숙해진 아쇽을 타박하거나 핑키를 무시해서 둘의 기분을 상하게 한다. 그리고 돌아오며 발람은 아쇽에게 벵갈루루에서 새로운 기회를 잡을 수 있을 거라는 말을 듣는다. 발람은 지금이라도 떠나서 사업을 시작하자고 하지만 아쇽은 사업계획서를 더 잘 준비하고 시작하겠다며 거절한다. 그러던 중 핑키의 생일이 되자, 술을 마시고 취한 핑키는 자신이 발람을 위해 운전을 하겠다고 고집을 피웠고 아쇽 역시 취해서 그녀를 말리지 않는다. 그러다 핑키가 한 소녀를 길에서 치어죽인다. 그리고 이들은 뒷수습 없이 바로 뺑소니를 친다. 죽은 여자에 대해 정보가 없어 신고라도 들어오면 어떻게 하나 자수해야 하나 고민하던 핑키와 아쇽에게 발람은 죽은 소녀의 옷차림 등을 볼 때 하위 카스트, 그것도 불가촉천민이며, 이들은 경찰서 근처에도 가지 못하니 걱정하지 말라고 한다. 미국식으로 경찰이 조사할 거라 생각하고 절망한 '주인'들에게 인도 사회에서 낮은 카스트의 약자들의 현실을 알려주며 안심시킨 발람은 자신은 최고의 하인이라며 자부하며 잠든다. 하지만 다음 날,, 황새와 몽구스가 가문의 변호사를 대동하고 나타나서 발람에게 죄를 뒤집어씌우기 위해 자백서를 꾸며내고 이에 서명하도록 강요한다. 거기에 가족들에게 돈을 주고 허락을 받았다고 말하기까지 한다. 언제나 하인으로서 본분을 다하며 충성했던, 가족들을 위해 계속 돈을 벌어다 주던 발람의 표정이 일그러지는 모습이 압권. 발람을 도와주는 척했던 아쇽과 핑키는 양심의 가책을 보이지만 결국 발람에게 죄를 뒤집어씌우는 것을 말리지 않는다. 항상 착한 하인으로, 착한 가족으로 순종하고자 했던 발람은 배신감을 느끼고 처음으로 불만을 가지게 된다. 그러나 결과적으로 목격자도 없고, 천민인 피해자들은 발람의 말대로 신고조차 하지 않았기 때문에 결국 이 사고는 없던 일이 되었다. 안도하며 흐느끼는 발람을 황새가 짐승 대하듯이 걷어차 버리고, 몽구스는 나중에 네가 무슨 수틀리는 짓을 하기만 하면 감옥에 처넣어 버릴 거라면서 그 자백서를 따로 챙긴다. 핑키는 이런 가족의 모습에 완전히 질리게 된다. 발람을 비롯한 하층민을 인격으로 대우하지도 않고, 미국에서 학위까지 땄으나 여자라는 이유로 자신 또한 무시하는 황새네 집안에 정이 떨어진 핑키는 자기 혼자 미국으로 돌아가기로 한다. 그리고 그날 밤 핑키는 발람을 찾아가 공항까지 태워달라고 부탁한다. 의아하지만 거절할 이유도 없기에 공항까지 태워준 발람에게 핑키는 자신이 떠난다는 사실을 목인하는 대가로 돈 봉투를 준다. 다음 날 오전 핑키가 떠난 것을 알게 된 아쇽은 발람을 몰아세우며 폭언하며 결국 신체적 폭력까지 행사하기에 이른다. 아쇽도 그동안 발람을 인격적으로 대우하는 모습을 보였으나 결국에는 지배계층의 위선과 선민의식에서 벗어날 수 없었던 것이다. 멱살을 잡혀 당황한 발람이 아쇽을 밀쳐서 떼어내는데, 그러자 가족들이 너를 감옥에 처넣었어야 한다는 폭언을 한다.

이후 아쇽은 핑키를 잃은 충격에 아무것도 하지 않고 폐인처럼 지내고 발람은 그를 보필하기 위해 식사도 챙기고 하며 최선을 다한다. 아쇽도 발람의 노력에 다시 마음을 여는 듯한 모습을 보이고, 이때 발람은 잠깐이지만 아쇽과 자신이 마치 형제 같다고 생각한다. 하지만 아쇽의 친형제 몽구스가 돌아오고, 그동안 발람의 노력은 온데간데없어진 듯 몽구스와는 화기애애하면서도 자신이 가져다주는 음식은 내던져버리는 아쇽의 모습을 보며 이 생각은 산산히 깨진다. 자신의 방으로 돌아온 발람은 핑키가 주었던 돈봉투를 꺼내서 확인해 본다. 금액은 애매하게 9,300루피로 발람의 4.5달 치 급여에 해당하는 금액이었지만 1만 루피를 줘야겠다고 생각했으면 맞춰서 줬어야지, 왜 모자라게 줬냐며 화를 낸다. 이전에 자신에게 자백서에 서명을 강요한 일까지 떠올리며 왜 최소 10배, 100배의 요구를 하지 않았는지, 자백서에 서명하면서 어떤 조건도 요구하지 않았는지 하인으로 길들여져 물어볼 생각조차 하지 않은 자신을 자책하게 된다. 이날 이후 발람은 아쇽과 지배층의 위선을 깨닫고, 착취 대상에 지나지 않는 자신의 처지를 다시 한번 상기하게 되고, 자신의 이득을 위해 현실적으로 행동하기 시작한다. 이미 때가 묻은 운전기사 동료들의 조언을 받아 자동차 수리 청구서 등을 거짓으로 꾸며내 이를 빌미로 돈을 빼돌리거나, 자동차 연료를 몰래 빼돌려 팔고, 아쇽의 차로 불법 택시 영업을 하는 등 돈을 횡령하면서 조금의 죄책감도 느끼지 않게 된다. 여기에 발람의 고향 가족들은 계속 돈을 보낼 것을 독촉하는 동시에 결혼을 강요한다. 이 와중에 아쇽은 결국 발람의 횡령을 알게 되고, 발람이 몰래 택시 영업을 하고 돌아온 날 지하에서 그를 기다리고 있었다. 아쇽은 발람이 사는 비참한 방을 보고 약간은 동정심을 느낀 듯 발람의 횡령을 눈감아주고 같이 술을 마시지만, 점차 발람을 해고할 결심을 한다. 발람도 이런 아쇽의 마음을 느끼고, 그가 정치인들에게 줄 돈가방을 슬쩍 훔쳐보고 자기가 수십 년을 일해도 벌지 못할 금액을 보며 고뇌한다. 발람이 힘들어하자 아쇽은 발람에게 휴가를 주고 고향에 다녀오라고 하고 선심 쓰듯 돈을 쥐여 준다. 하지만 정치인들에게 어마어마한 돈을 쥐여주면서도 정작 발람에게 준 돈은 고향으로 가는 편도 차비에 불과했다. 가서 돌아오지 말라는 것. 게다가 이후 아쇽이 새 운전사와 만나는 것도 보게 된다. 사실 본인의 휴가는 발람을 위로해 줄 목적이 아닌 새 운전사를 테스트할 목적이었던 것이었다. 발람은 고향으로 돌아가는 대신 빈민들이 모여있는 더러운 길거리를 걷다가 쭈그려 앉아 똥을 싸는 남자 앞에서 같이 쭈그려 앉은 채 서로의 얼굴을 보며 웃는다.

한편, 황새 가족의 사업은 점차 위기에 처한다. 아쇽은 수상에게 직접 뇌물을 준 뒤 후진국인 인도의 실상에 개탄하지만, 점차 그가 혐오하던 인도인 상류층의 모습에 가까워지고, 예전엔 친구처럼 격의 없이 대하던 발람을 하대하고 욕설까지 하기 시작한다. 특히 하루는 몽구스와 아쇽이 같이 차를 타고 가던 중 운전하던 발람이 장애를 가진 거지를 보고 측은히 여겨 잔돈을 적선하자 몽구스는 물론 아쇽까지 격분하여 발람의 행동을 탓한다. 피고용인, 하인인 발람 따위가 자신들이 주는 급여에서 감히 자비를 베푸는 게 아니꼬웠던 것. 숙소에서 이들은 발람의 해고를 논의하는데, 발람은 이들의 입모양을 읽는다. 아쇽에게도 큰 위기가 찾아온다. 락스만가르에서 만났던 '위대한 사회주의자'가 예상을 깨고 선거에서 대승하면서 그녀를 피해 델리까지 와서 반대 정파에게 뇌물을 준 노력이 전부 허사가 된 것. 그녀는 아쇽의 차에 타서 과거 처음 요구했던 금액의 2배인 400만 루피를 요구하고, 언제까지 가져오라고 시간과 장소까지

지정해 준다. 쇠 파이프를 바닥에 내려치며 분풀이를 한다. 숙소로 내려온 발람은 자기 방에 웬 아이가 있는 것을 본다. 아이는 당신이 발람이냐고 묻고 할머니가 보냈다며 편지를 준다. 편지에는 발람에게 다시 돈을 보내라고 강요하며, 돈을 보내지 않으면 황새 가족에게 그동안의 일을 말해 버린다고 협박하고, 운전을 가르쳐 돈벌이를 시키라고 조카(이름은 다람. 스스로 소개하기로는 라투(발람의 여자 가족)의 넷째 아들이라고 한다. 발람이 집안 찻집에서 일할 때 잠깐 등장했었다.)도 보냈다는 내용이었다. 또 발람이 결혼을 계속 거절하고 고향에 오지 않으니, 다음에는 신부를 버스에 태워 보내겠다고 한다. 편지를 다 읽은 발람은 화가 나서 조카의 따귀를 때리고 숙소에서 나온다. 시간이 지나고 마음이 누그러진 발람은 조카와 같이 식사도 하며 조카를 아속에게 보여주자, 아속은 휴가를 하루 준다. 하지만, 이 휴가는 아속이 새로운 기사를 면접해 보려는 것이었다. 자신의 대체재가 면접 보는 것을 지켜본 발람은 배신감을 느낀다. 그리고 발람은 조카를 데리고 동물원에 갔다가 철창 안에 갇힌 백호를 보고 혼절하며, 이 모습은 화장터에서 아버지의 시체가 타들어 가는 모습을 보고 기절했던 어린 시절의 발람과 오버랩된다. 발람은 사람은 아름다운 것을 볼 때 노예를 그만둔다는 시의 구절을 떠올리며 이를 계기로 각성하고, 자유민으로 살아야겠다고 생각한다. 그리고 아속을 살해할 계획을 세운다. 재활용 쓰레기장에 가서 술병을 깨트려 흉기를 만들고 도주를 위해 역에 가서 기차 시간표를 본다. 디데이는 아속이 쉐라톤 호텔에서 '위대한 사회주의자' 쪽 사람을 만나 뇌물 400만 루피를 전달하는 날이었다. 마침, 이날은 비가 세차게 와서 어둡고 지나다니는 사람도 없었다. 그러나 사건 당일까지도 발람은 아속에게 아직 정이 남아 있었기 때문에 망설였다. 하지만 아속은 덤덤하게 발람에게 자신이 이제 인도 상류층이 된 것을 보여준다. 아직 아속에게만큼은 마음이 남은 핑키에게 미국으로 올 것이냐는 전화를 받았는데, 자기는 미국으로 돌아가지 않을 것이며 인도인으로 살 것이라고, 여기가 나의 나라고 이게 내 삶이라고 한 것. 발람은 이를 듣고 완전히 결심을 굳힌다.

발람은 자동차 바퀴에 문제가 생겼다는 핑계를 대며 외딴곳에 차를 세운 후 아쇽을 차 밖으로 나오도록 유도한 뒤, "새걸로 갈아 끼우려면 진작에 그랬어야지!"라고 일갈하며(=날 자를 거면 진작 잘랐어야지) 미리 준비한 깨진 병으로 아쇽의 목을 수차례 찔러 살해하고 뇌물 400만 루피가 든 가방을 들고 도망친다. 기차역으로 온 발람은 극도의 긴장감으로 승강장에서 초조하게 열차를 기다리며, 혹시 자신을 잡으러 경찰이 오지 않을지 주위를 둘러보다 조카 또래의 아이를 보고 고민하다가 결국 숙소에서 자고 있던 조카를 깨워서 같이 데리고 간다. 여러 번 기차를 갈아타고 도착한 어느 숙소에서 발람은 4주 동안 마음이 진정될 때까지 아무것도 하지 못한다. 그러다가 어느 정도 마음을 추스른 발람은 아쇽이 죽기 전 항상 말하던 스타트업들이 모이는 혁신 도시인 벵갈루루를 떠올리고 사업을 하기 위해 벵갈루루로 간다. 삐까번쩍한 회사 건물들 앞에 줄지어 선 택시들을 본 발람은 바로 사업 아이템을 떠올리고, 우선 아쇽이 그랬던 것처럼 경찰서장에게 뇌물을 쥐여주고 면허가 만료되고도 운전 일을 하는 택시 기사들을 모조리 잡아넣게 함으로써 경쟁자들을 치워버린 후 아쇽의 이름을 빌려 아쇽 샤르마라는 이름으로 본격적으로 택시 사업에 뛰어든다. 발람은 택시 서비스의 질을 높이고, 자신이 고용한 택시 기사들을 황새 일가가 부르던 것처럼 가족(family)이라고 하지 않고 직원(employee)이라 불렀다. 또한 종교 등 기사들의 사생활엔 일절 관여하지 않을뿐더러 정식으로 계약서를 써서 제대로 된 대우를 해준다. 이들이 낸 교통사고도 전부 자신이 책임지며, 사망한 사람의 유족에게는 큰돈을 위로금으로 주는 한편 사망한 사람의 형을 택시 기사로 고용해 유족의 생계를 책임지는 등 책임 있는 기업가의 모습을 보여준다.(영화 초중반에 나온 천민 출신의 위선적인 여자 정치인과는 다르게 자신의 아픈 과거를 잊지 않으며 노블레스 오블리주를 보여주는 발람의 성장과 각성을 보여주는 장면으로 현실에도 개구리 올챙이 어릴 적 생각 안 하고 출세했다고 행패 부리던 사람들과는 다른 면모를 보여주는 뜻깊은 명장면이기도 하다.) 그렇게 발람은 아쇽이 못했던 성공한 CEO가 되고, 회사의 온갖 자산을 제외하고 계좌에 있는 현금으로만 그때 챙긴 400만 루피의 15배가 넘는 돈을 쌓아 거부가 되었다. 그 와중에 신문을 보던 발람은 북인도 지역에서 일가족 17명이 살해되었다는 기사를 본다. 아마도 도망친 발람을 찾지 못한 황새 가족이 발람의 가족들을 보복 살해한 것으로 보인다. 하지만 발람은 자신의 꿈을 짓밟고 착취만 하고, 심지어 자신을 팔아넘기려던 것도 모자라 그런 일이 있음에도 뻔뻔하게 어린 조카까지 동원해 돈을 뜯으려던 가족들에게 오만 정이 떨어져 슬퍼하는 기색은 없었다. 한편, 그와 같이 간 조카는 사업을 하는 삼촌을 따라다니며 삼촌의 지원을 받아 학업에 매진한다. 발람은 가족 생각이 나지 않느냐고 조카를 떠보지만, 조카 역시 가족들과 함께 지내던 이전 생활에 딱히 정을 붙이진 않았는지 대답 대신 우유와 아이스크림 더 먹어도 되냐고 말을 돌린다. 이런 조카에 대해 발람은 똑똑한 녀석이라고 생각한다.

그는 '단 하루라도 자유민으로 사는 것은 노예로 100년을 사는 것보다 행복하다'고 하고, 지나가는 원자바오 총리를 멈춰세운 뒤 말을 걸며 "갈색 피부의 사람들과 노란 피부의 사람들이 만들어 나가는 새로운 아시아인의 시대가 열릴 것"이라고 외친다. 그리고 발람이 운영하는 택시 회사 화이트 타이거 드라이버스에서 수십 명의 직원들과 함께 자신은 드디어 성공해 닭장에서 탈출했다고 자랑스레 말한 후 유유히 화면 밖을 벗어나고 그 뒤를 직원들이 따라가며 영화는 막을 내린다.

인도의 빈곤층 문제를 여과 없이 보여주는 영화로 극심한 가족주의와 카스트 제도, 그리고 교육의 양극화 등 발리우드 영화 속에서 밝게 느껴지던 인도가 가진 이미지의 정반대를 표현했고, 부패한 인도 사회에서 빈곤층에 있는 사람이 상류층으로 올라

화이트 타이거를 통해
본 인도사회

가는 유일한 방법은 결국 범죄와 정치라는 어두운 현실을 보여준다.

　일각에서는 부정부패를 선택한 주인공마저도 대기업이나 총리 같은 높은 자리보다 보통의 사람들처럼 잘나가는 중소 사업체 하나 차리는 것으로 끝났으니, 100년에 한 번 태어나는 인물이라 해도 잘해봐야 보통 사람처럼 사는 정도라 주장을 하는 이들도 있는데, 이는 영화를 제대로 이해하지 못한 것이다. 작중 발람의 회사는 지역 택시 업계 1위에 등극할 정도로 잘나가고 있으며 발람 본인 스스로 지금 현금으로만 아쇽에게서 강탈한 돈의 15배를 모았다고 언급할 정도로 엄청난 돈을 벌었다. 이는 아무리 낮게 봐줘도 평범한 사람 수준은 아득히 넘은, 선진국에서조차 상류층에 해당하는 수준이다. 현실에서도 꼭 대기업 총수가 될 것 없이 수십 명 정도 되는 강소기업 사장만 되어도 굉장한 갑부에 속하는데 발람은 그 기준을 명백히 충족한 사람이다. 게다가 벵갈루루는 인구만 1,200만이 넘고 인도 내에서도 살기 좋은 도시 1위로 꼽힌 곳이니, 오히려 단시간에 이 정도 성공을 이룬 발람이 주인공 보정을 제대로 받은 것이다. 또한 감독은 발람의 조카인 다람을 등장시키면서 이러한 변혁이 1세대에서 끝나는 것이 아니라 다음 세대로 이어지며 언젠가 부조리한 현 체제를 뒤바꿀 것이라는 암시도 남겨두었다. 영화의 핵심인 화이트 타이거는 돌연변이에 해당한다. 화이트 타이거라는 상징적인 동물에 대해서 감독은 관람객이 자신의 주관에 따라서 판단하게끔 해석의 방향을 한정하지 않았고, 이런 성향은 화이트 타이거라는 상징적인 존재만이 아니라 영화의 대사를 통해서도 드러난다. 작중에서 델리에 온 아쇽 부부와 발람이 머무르는 곳으로 등장한 곳은 구르가온에 위치한 'M3M Golf estate'다. 실제로도 인도 기준으로는 꽤 호화로운 고급 아파트긴 하나, 위치가 구르가온 중심가에서 살짝 벗어난 Sector 65라서(한국으로 치면 분당이나 수지구에 해당하는 곳이다.) 실제로 한국인 주재원들이 많이 사는 크레스트보다는 인기가 낮은 편이다.

본 영화의 주인공인 어린 시절의 발람이 부친의 장례를 치르면서 한 대사이다. 맨 부커상 수상작이다. 라민 바흐러니 감독의 라스트 홈도 미국 내의 빈부격차를 나타낸 실화 기반 영화이다. 감독 자체가 발리우드 출신이 아닌 이란계 미국인으로 미국 인디 영화 감독이다. 발리우드보다 기존 라민 바흐러니 색채가 강하다고 보는 게 정확하다. 사실 화이트 타이거는 바흐러니 영화 중에서는 소원 성취적인 요소가 많아 상당히 대중적인 편이다. 비교적 대중화된 편인 라스트 홈도 아귀다툼하는 내용이고, 초기작은 특히나 미국에 이민 온 사람들이 별 희망 없이 하루하루 밑바닥을 전전하는 내용이라 화이트 타이거보다 어둡다. 화이트 타이거 역시 아버지가 황새한테 줄 수입을 마련하지 못해 발람까지 노동에 나서야만 했다. 발람이 핑키가 다시 미국으로 돌아와달라는 연락했다고 전하자 "내 고향을 두고 어딜 가라는 거냐."며 냉정하게 쳐냈다. 아이러니하게도 핑키 역의 프리양카 초프라는 상위 카스트인 크샤트리아 출신이다. 부모님이 잡화점을 운영했는데 야동까지 팔았으며, 밤중에 강도한테 총기로 위협을 당했음에도 먹고살 길이 없어 계속 그 자리에서 일을 했고, 자신은 지하실에서 공부했다고 한

다. 황새 가족에게 당당히 따지는 핑키를 보고 발람은 '왜 핑키 마님은 저렇게 공격적이
실까?' 하면서도 매우 만족스러운 미소를 지었다. 어떻게 보면 이중적인 면모라고 보이
기도 한다. 미국인이지만 정작 자기가 불리할 때는 인도인의 방법으로 벗어났고, 애당
초 대놓고 술을 마시며 운전하는 짓거리는 타인의 목숨을 위협하는 위험한 행동이고
미국에서 했으면 어마어마하게 무거운 처벌을 받았을 일인데 황새 가족의 며느리라는
빽을 무의식적으로 믿고 저지른 일로 봐야 맞다. 황새는 이름이 아니고 별명으로, 본명
은 작중 나오지 않는다. 핑키가 음주 운전을 해 아이를 차로 치어 죽인 것을 발람이 한
것이라는 허위 계약서를 만들어 강제로 사인하게 하고, 목격자가 없어 발람의 누명이
벗겨져 발람이 안심하고 울음을 터뜨리자 드라마 찍냐며 발로 찼다. 사실 이는 단순히
인성이 나빠서만은 아니고, 이것이 하인을 다루는 일종의 스킬이라고 생각하기 때문이
다. 실제로도 발람을 처음에는 인간적으로 대했던 아쇽은 결국 발람에게 살해당했음
을 생각하면 결과적으로는 황새의 말이 맞았던 것이 된 셈이다.

　할머니가 발람의 인생에 개입하는 지점은 크게 두 군데다. 처음에 할머니의 강압에
발람은 학업을 포기하고 착취 구조에 강제 편입된다. 하지만 발람은 자신을 부양하라
는 두 번째 요구를 거절하며 단절을 선언하고, 이후 경제적 성공을 이룬다. 석탄을 보
며 멍하니 있는 발람에게 내 머리통이라고 생각하고 깨라고 말한다. 본인도 억지로 일
을 시키게 된 것이 미안했던 모양. 최후반부에 가족들이 몰살당했다는 소식을 듣고 발
람이 가족이 보고 싶냐 묻자 슬픈 표정을 짓는 듯했더니 우유랑 아이스크림을 더 시켜
달라는 당돌한 모습을 보여줬다. 발람은 그 모습을 보고 영특하다며 기특해했다. 사회
주의자들에겐 자본가보다도 멸시받는 게 지주들이다. 특히 현대 경제학에서 우파든 좌
파든 이런 지주 세력에 대해선 기본적으로 비판적인 입장을 깔고 들어간다. 물론 구조
적 개선을 하기보다 이들에게 뇌물을 받고 눈을 감아준다는 데서 이 인물도 부패한 정
치인인 건 마찬가지다. 시체가 타면서 발이 오그라드는데 발람은 그걸 보고 아버지가

죽음에 저항하고 있다고 생각했고 인도에서 사람은 자유를 얻기 힘들다는 좌절감을 심어주었다. 북서부 라자스탄에 있다. 인도의 전통적인 가정에서 가장 힘 있는 존재는 할머니이다. 어른들은 일하러 나가 있는 동안 집에 남은 여자들은 집안의 가장 높은 웃어른인 할머니를 중심으로 돌아가게 된다. 집안의 모든 권리를 할머니가 가진다. 발람의 형은 장남이었지만 자신의 삶을 벗어나려고 노력하거나 희망을 품지 않고 그냥 현실에 순응했다.

약 4,800원 말(=자동차)을 길들이는 것은 무슬림, 라지푸트, 시크교도 같은 용맹한 전사들의 일인데 과자나 만드는 천민이 배우려 드는 게 아니꼽다는 것. 무굴 제국 시절에야 맞는 말이지만 정작 시크교에서는 카스트 차별을 엄하게 금지하고 있다. 인도 사회에서 계급 인식이 종교적인 것을 넘어 상당히 깊게 사회 규범화되어 있음을 보여주는 부분. 그래도 발람이 운전을 곧잘 하자 용맹하게 싸우는 기사가 되어야 한다며 다른 차량과 기싸움을 벌이는 노하우를 알려주고 발람이 잘 따라하자 흡족한 표정을 짓는 등, 입이 험할 뿐 진심으로 차별을 하는 캐릭터는 아니며 좋은 사람 축에 속한다. 옆에서 욕을 듣는 발람도 행복에 겨워 실실 웃고만 있다. 오히려 발람이 그 험한 인도의 도로에서 금세 운전기사를 해도 될 만큼 실력이 늘었으니 겨우 300루피라는 푼돈만 받고도 상당히 잘 가르쳐준 듯. 이때 아쇽은 사람 좋게 먼저 악수를 청하는데, 황새는 '그럴 필요 없다'며 손을 막는다. 발람을 단순히 일하는 노예 정도로 생각한다는 걸 알 수 있다. 본명은 무케시. 약 32,000원. 완전한 선인이나 완전한 악인이 나오지 않는 것도 이 영화의 묘미다. 몽구스는 인성은 개차반이나, 돈 계산을 할 땐 매우 칼 같은 성격이라서 함부로 대하면서도 월급을 떼먹지는 않는다. 나중에 월급날 돈을 줄 때도 '나중에 말 나오는 거 싫으니까 여기서 세어봐라.'라고 말하기도 하고 기분이 좋으면 돈을 더 주기도 한다. 만약 하인이 주인의 물건을 훔치거나 도망치면 그 집에 사람들을 보내 하인과 그 가족들을 죽여버린다. 발람은 자신과 가족들이 살해당하는 상상으로 이를 묘사한다. 이 양반은 20년 넘게 일하며 아쇽을 어릴 때부터 보좌해온 가족이나 다름없는 사람이었다. 발람이 어렸을 당시 황새와 몽구스가 락스만가르에 빚을 수금하러 왔을 때도 등장했다. 아쇽은 인도가 IT 강국이라는 점을 들어 벵갈루루에 진출하여 실리콘밸리의 CS 업무를 인터넷으로 아웃소싱 받아오는 사업을 구상하고 있었다. 하지만 황새와 몽구스는 인터넷이 뭔지조차 몰랐고, 석탄같은 유형의 자산으로 돈을 버는 일만 신뢰한다. 다만 상대가 서민이 아닌 상류층이자 사회주의자들에게 멸시받는 지주 계층임을 고려할 필요는 있다. 상대가 상류층이라고 해서 거액의 뇌물을 요구하는 게 올바른 행동은 아니지만, "사회주의자임에도 위선적이다"라는 말을 듣기에는 부적절한 예시인 것. 이 정치인이 만약 서민을 뻥뜯는 부패 정치인이었다면 위선자의 정의에 완벽히 부합한다. 다만 이 해석도 무리가 있는 게, 발람의 아버지 환영이 이야기 했듯 이들 지주가 뇌물을 바치기 위해 마련하는 돈은 결국 그들에게 종속된 아랫사람들에게서 착취한 돈이며, 뇌물을 요구할수록 지주들은 아랫사람을 더 착취하는 식의 악순환만 반복될 뿐이다. 근본적인 해결책도 아니며 소위 사회주의자를 자처하는 정치인이 할 짓은 더더욱 아니다. 발람의 급여의 1천 배로, 약 3,200만 원이다. 이 장면을 잘 보면 여자 정치인은 발람에게 힌디어를 써서 대화하지만, 황새 가족하고는 영어로만 대화한다. 왜냐하면 힌디어로 대화하게 되면 낮은 카스트인 여자 정치인이 황새 가족에게 극존칭을 써야 하기 때문이다. 실제로도 인도의 하위 카스트 중 사회적으로 성공한 이들, 혹은 공부 좀 했다는 사람들은 자신보다 높은 카스트를 대할 때 극존칭을 쓰지 않기 위해 무조건 영어로만 대화한다. 발람은 아쇽의 두 번째 운전기사였던 만큼 아쇽이 델리로 가버리면 필요 없어진 발람의 자리는 없어질 확률이 높았다.

　이슬람교는 기본적으로는 우상숭배를 금지하지만, 무슬림에게 적대적인 환경에서 신앙을 지키기 위해서는 십자가나 다른 우상에 기도하는 것, 기도의 방식이 다른 것도 폭넓게 용인한다. 상대적으로 최근의 종교여서 예상보다는 상당히 세부 교리 해석은 유연한 편이다. 황새는 무슬림을 극도로 싫어하고, 발람에게 처음 물은 말이 '힌두교 신도인 거 맞지?'일 정도였다. 평소에는 고압적으로 나오던 첫 번째 운전기사가 약짐을 잡혀 먹여 살릴 가족을 운운하며 애원하자 발람은 "가족 없는 사람도 있냐?"면서 대번에 무시해 버린다. 다만 속내를 보면 발람도 내심 후회하고 있었다. 아이러니하게도 20년 넘게 일하며 아쇽을 어릴 때부터 보좌해온 가족이나 다름없던 첫 번째 운전기사가 고작 무슬림이라는 이유 하나만으로 단칼에 잘리는 장면은 결국 아무리 오랫동안 헌신한 사람이라도 황새 가족에게는 언제든지 내칠 수 있는 노예에 지나지 않았다는 것을 알 수 있다. 발람도 언젠가 첫 번째 운전기사처럼 될 수 있음을 보여주는 장면이라고 할 수 있다. 정확히는 구르가온이라는 동네지만 이곳 역시 델리 생활권에 속하는 곳이다. 운전기사들은 지하 주차장에서 지내야 했다. 공용으로 쓰는 호출용 전화가 있어서 주인이 전화로 부르면 차를 몰고 지상으로 올라간다. 사실 이는 해외로 유학 갔다 온 아시아권 국가 출신들에게 한 번씩은 일어나는 과정이다. 아무리 고등교육과 새로운 문물을 배우고 왔다 하더라도, 자신이 태어난 문화권의 관습을 버리기란 매우 힘든 일이다. 아이러니하게도 핑키 역의 프리양카 초프라는 상위 카스트인 크샤트리아 출신이다. 이전에는 지급받은 유니폼만 입으며 제대로 세탁도, 목욕도, 양치도 하지 않아서 때가 꼬질꼬질하고 냄새가 났다. 발람은 평생을 닭장에 갇혀 자란 닭은 운 좋게 닭장에서 벗어나도 도망칠 줄 모르고, 바로 앞에서 동료 닭들이 죽어 나가도 그냥 조용히 산다고 한다. 발람은 자신의 처지를 이 닭으로 보아서 닭고기를 거부한다. 발람은 벌레가 나오고 습한 지하 주차장에서 모기장을 치고, 다른 천민 기사들 수십 명과 함께 살고 있었다. 자기 방이 따로 있다고는 해도 여기서 결혼생활을 지속할 수 있을 리가 만무하니 결혼하면 처자식은 고향 집에 둘 수밖에 없는데, 이는 발람에게 인질이 더 붙을 뿐임을 의미한다. 아쇽이 이때 바로 새로운 사업의 기회를 찾아 떠났으면 발람에게 죽지 않았을 것이다. 발람은 부잣집 도련님들은 기회를 보지만 잡지는 못한다고 평한다. 하지만 아쇽은 당장 가족 밑에서 사는 입장이라 아버지의 허락이 없이는 사업 자금을 마련하기도 어려웠고, 사업이란 것이 워낙 복잡한 것이라 제대로 된 계획 없이는 돈만 날려 먹기 십상이다. 발람도 워낙 타고난 머리가 좋아서 사업이 성공했지, 평범한 재능의 소유자였다면 성공하기가 쉽지 않았을 것이다. 인도에서 경찰은 크샤트리아와 브라만의 사이쯤으로 취급되고, 권력이 있기 때문에 가난한 브라만조차도 마음대로 두들겨 팰 수 있다. 불가촉천민은 인간으로도 취급되지도 않아 경찰서에 출입도 못 하고 신고도 못 한다.

핑키의 입장에서 보자면, 인도를 떠나기로 한 상황에서 액수를 맞추고 어쩌고 할 것도 없이 자기 주머니에 남은 루피화 현금을 그냥 싹 털어서 넣었을 가능성이 크다. 아이러니하게도, 발람은 갓 델리에 올라왔을 때는 동료 기사들과 어울리기를 거부하고 주인에게 충성하는 모습을 보였다. 이건 다른 기사들이 발람을 시골 쥐라며 무시했던 이유도 있다. 게다가 수위는 낮지만, 패드립(패륜적 농담)까지 했다. 그래도 발람한테 인생에 관한 제대로 된 조언을 해주거나 건강을 걱정하는 걸 보면 다들 입은 거칠지만, 본성이 나쁜 건 아닌 걸로 보인다. 발람은 델리로 온 뒤에는 비싼 물가와 착취에 지쳐서 고향에 돈을 보내는 것을 그만두었다. 이 와중에 운전하다가 어릴 때 돌아가신 아버지의 환영까지 보게 되는데, 아버지는 오히려 아속이 정치인들에게 주려는 뇌물은 전부 자신들 같은 평범한 이들한테서 뜯어낸 돈을 들이니 그걸 도둑질해도 죄가 되지 않는다며 돈가방을 훔칠 것을 종용한다. 그래도 몽구스와 달리 경어를 써주긴 하지만 핑키가 떠난 뒤부터 말투가 점점 차가워지고 있었다. 가족이 얼마나 많은지 발람은 자기 조카가 누군지도 알아보지 못한다. 생각해 보면 아속 입장에서는 일 때문에 정신도 복잡하고, 이미 발람의 횡령을 눈감아 주었는데 조카까지 데려온 발람이 도저히 마음에 들지 않았을 것이다. 발람은 핑키를 자기 허락을 받지 않고 공항에 데려다준 것, 핑키를 잃고 폐인이 된 자기에게 주제넘게 간섭하는 등 마음에 안 드는 것투성이였다. 출발하기 전 조카에게 돈을 주면서 아침까지 돌아오지 못하면 도망치라고 했다. 그나마 마지막 기대가 남은 핑키와 달리 이젠 완전히 자기 집안에 물들어서 그녀와 갈라서고 아버지와 형 따라서 그냥 기득권층으로 살자고 마음을 굳힌 듯하다. 핑키가 떠난 직후에만 해도 아쇽은 이제 핑키랑 이혼하라는 몽구스의 요구를 거절했었다. 하지만 이제 몽구스처럼 바뀌어버린 것. 원래 이름은 지명수배 중이라 신분을 감추기 위한 것도 있지만, 인도에서 이름은 곧 카스트를 나타내는 것이기도 해서 신분을 숨기려면 다른 이름을 쓰는 건 어쩔 수 없었다. 사실 이것도 초반에 복선이 있는데 델리에 도착하고 아쇽과 둘만 있게 되면서 서로 잡담을 나누다 발람이 아쇽이라는 이름이 잘 어울린다고 아부를 떠니 아쇽이 발람한테 마음에 들면 자기 이름 가져가서 쓰라고 했다. 거기다 후진국일수록 신분 세탁이 수월하다. 외국 총리와 만날 정도면 완전히 문제 될 것이 없을 정도로 새로운 신분을 얻은 것이다. 덤으로 발람은 인도인 반 이상이 자신처럼 생겼기 때문에 아무도 자신을 잡지 못한다고 말하며 인도 경찰의 부패와 무능을 비꼰다.

현대 인도에서는 카스트와 자티로 인한 차별이 있지만 아무리 카스트가 발람처럼 낮고 자티가 천하더라도 돈이 많으면 상급 카스트인 브라만도 함부로 할 수 없으며 오히려 공권력을 매수한 하위 카스트 부자에게 참교육 당하는 경우도 있다. 거기다 여러 경찰서장들과 공무원들이 성공한 발람에게 쩔쩔매는 것을 보면 이미 발람은 공권력으로 어떻게 할 수 없는 거물이 되었기에 황새 가족이 할 수 있는 건 없다. 시골뜨기 지주와 인도 대도시를 장악한 재벌의 차이. 차 안에서 에어컨을 항상 틀고, 기사들을 깔끔하게 입히고 바가지를 없앤다. 직원 중에 무슬림과 시크교도가 있다. 황새 가족은 고용인의 종교 같은 것까지 신경 쓰고, 고용인들을 가족이라 부르면서 착취하는 모순적인 모습을 보였지만, 발람은 그런 짓 따위는 하지 않았다. 4만 루피. 한화로 약 60만 원상당의 돈이다. 인도인 노동자들의 하루 평균 일당이 4,000~5,000원인 것을 감안하면 상당히 큰 돈. 여기서 발람이 영어와 함께 칸나다어를 같이 구사한다. 벵갈루루에서 사업을 하면서 영어뿐만 아니라 남인도계 언어에도 적응했음을 보여주는 대목이다. 사실 발람의 이러한 모습은 아쇽이 그토록 바랐던 모습인 카스트와 신분으로 사람을 차별하지 않고 모두를 평등하게 대하는 성공한 기업가와 닮아있다. 하지만 아쇽은 발람과 다르게 상위 카스트로 태어나 차별을 당해본 적이 없었기에 그저 막연하게 발람에게 친절만 베풀었을 뿐 자신이 위기에 처할 때마다 추한 모습만 보이다가 아내도 잃고, 돈도 잃고, 최종적으로 목숨까지 잃었지만, 발암은 하위 카스트로서 날 때부터 수많은 차별을 당해봤기에 차별받는 이들의 고충을 알고 있었고 이러한 점을 적극적으로 사업에 녹여내 마침내 아쇽이 바라던 깨어있는 기업가로 성공했다. 황새 가족의 차는 미쓰비시, 혼다 같은 일본차지만 발람은 BMW를 모는 모습이 나온다. 루피/원 환율을 1/15로 보면, 6,000만 루피(원화로 9억 원)이다. 어째 갑부라기엔 영 부족해 보이지만, 인도의 1인당 GDP가 한국의 12분의 1에 불과하다는 것을 생각해 보면 대한민국 기준으로는 계좌에만 약 100억 원이 넘는 현금성 자산을 가진 셈이다. 여기에 더해 개인 BMW 차량과 벵갈루루 시내와 공항을 오가는 회사 택시 차량 26대, 직원 30명을 거느리고 회사 사무실에 CEO로서 의결권도 가지고 있으니 이를 다 합하면 발람이 지니고 있는 경제적 가치는 십수 억을 우습게 넘길 것이다. 근데 상황과 이후의 발람의 상상을 보면 황새 가족의 최후의 발악인 듯하다. 당장 사이가 무척이나 안 좋은 부패한 여성 정치인에게 뇌물을 전달 못 했으니 찍힐 건 당연하고 그 돈도 영혼까지 끌어다 투자해서 끌어모은 거나 다름없던 엄청난 액수였는데 그걸 발람이 먹고 튀어버렸으니, 집안이 바로 쫄딱 망하지는 않더라도 기둥뿌리가 빠지는 타격 정도는 입었을 것이다. 게다가 뇌물을 못 받은 '위대한 사회주의자'가 본격적으로 칼을 겨눌 텐데 그간의 부패가 있어 앞길이 좋지 못할 것이다. 발람에게는 잘된 일인 셈이다. 설사 황새 가족이 발람을 찾아도 발람이 아쇽을 죽이고 돈을 강탈했다는 결정적인 증거나 증인도 없으며 설사 있다고 해도 발람은 공권력을 매수한 거물이 되었다. 영화에서는 안 나왔지만, 발람 정도의 사업가로 성공하려면 정치계와 인맥을 쌓는 것도 필수다. 당연히 그가 벵갈루루에서 쌓은 부와 명예로 락스만가르에서 칼을 벼르고 있는 정치인의 비호 아래 황새 가족들을 치워버리는 것은 일도 아닌 셈. 그 와중에 황새 가족이 자기 가족들을 보복 살해했다는 아주 훌륭한 명분이 생겼으니 황새 가족이 어쭙잖게 발람을 찾아내 보복하려 해봐야 그 뒤의 일은 안 봐도 비디오일 것이다. 애초에 인도에서는 상급 카스트라도 돈 없으면 부자인 하급 카스트에게 쩔쩔매야 한다. 다만 아쇽에게는 정이 많이 들었는지 그가 매우 그립고 차라리 몽구스를 죽일 걸 그랬다면서 약간 후회한다. 자기가 살기 위해 아쇽을 살해했을 뿐 아쇽을 매우 좋아했단 것을 알 수 있다. 사실 발람은 아쇽을 죽이고 가족이 죽도록 내버려둔 것은 사실이기에 굳이 망해가는 황새 가족을 건드릴 필요도 없이 그냥 내버려두는 편이 가장 좋을 것이다. 어차피 들춰봤자 좋을 일은 없고 또, 딱히 복수할 거리가 있는 것도 아니니까. 가족을 죽인 것도 그냥 발람의 족쇄를 푼 것일 뿐 딱히 아쉽지도 않다고 나온다. 아이스크림은 일요일에만 먹으라는 발람에게 오늘 먹을 거라고 말하는 건 덤. 인도 서민들도 아이스크림이나 우유를 못 먹는 건 아니지만 극 중 먹는다고 하는 건 고급 아이스크림일 가능성이 크다. 서민들이 먹는 아이스크림은 그야말로 노점에서 대충 만든 혼합 주스를 그냥 얼린 수준이거나 더러운 얼음을 갈고 만든 것이 대부분이다. 사실 조카 역시도 발람과 함께 지내며 자연스럽게 깨어났다는 것을 보여주는 장치. 정황상 자신의 부모를 포함한 일가족 전부가 황새의 보복으로 인해 몰살되었고, 혈육이라고는 삼촌인 발람밖에 남지 않은 상황이지만 그럼에도 가족을 그리워하는 모습을 전혀 보이지 않았다. 애당초 어린아이에게 돈벌이를 시키려고 혼자 삼촌에게 보낸 시점에서 조카 역시 발람처럼 가족에게 착취당하는 신세였던 것. 여기서 발람이 벵갈루루의 부동산을 언급하는 대사도 나온다.

미국 기업인에게 부동산을 공급하기 위해 중국 자본을 유치해 공항 택시를 넘어 부동산까지 사업을 확장할 것을 암시한다. 황새 가족이 일본차를 몰 때 발람은 BMW를 모는 장면을 보여준다, 즉 수 대에 걸쳐 부를 대물림한 황새 가족을 발람이 단 한 세대 만에 뛰어넘어버린 것. 대한민국이 워낙 대기업-중소기업 간 격차가 커서 중소기업은 죄다 무시당하는 경향이 있어서 그렇지, 중소기업 내에서도 직원 수십 명 정도 되는 기업은 극소수이다. 절대다수의 중소기업은 영세기업이고 직원 10명 채우기도 버겁다.

실제로 대기업이라 불릴 만한 기업은 창업주들이 최소 수십 년은 온갖 시행착오를 견뎌내 겨우 일궈내는 경우가 대부분이다. 삼성도, 현대도 대기업이라 불릴 만한 규모를 갖추는 데는 30년에 가까운 시간이 걸렸다. 사업을 시작한 지 몇 년도 안 된 발람이 대기업 수준의 회사를 차렸다면 그거야말로 매우 비현실적이다. 인도 최고 대기업인 타타그룹 역시 1868년에 설립된 역사가 있다. 시대를 잘 만나 단기간에 대기업으로 성장하는 경우도 있지만 그것 역시 전 세계를 통틀어 몇 손가락에 꼽히는 희귀 케이스다. 물론 저런 묘사 없어도 발람 정도의 신분이면 좋은 신붓감 정도는 손쉽게 찾을 수 있을 것이다. 반대로 말하자면 단지는 큰데 외곽이라 조용하니 영화 촬영지로 쓰기에는 좋은 조건이다. 영화 개봉 후 실제 M3M에 거주하던 주민들 사이에서는 '우리 집이 부의 상징이라고?'라며 소소하게 화제가 되었다고 한다.

왜 벵갈루루인가?

2021년 넷플릭스를 통해 개봉하면서 엄청난 센세이션을 불러일으켰던 영화 화이트 타이거로 다시 들어가 보자. 영화의 후반부에 주인공 발람을 태운 기차가 끝도 없이 뻗은 철길을 따라 달리고 있다. 그는 자신의 고용주인 아쇽을 무참하게 살인하고 정치인들에게 바치려고 했던 돈가방을 탈취했다. 이윽고 목적지에 도착해 가죽가방을 품에 안고 에스컬레이터를 내려오는 발람의 눈에는 자신이 저지른 죄로 인한 두려움뿐만 아니라 앞으로 닥쳐올 미래에 대한 희망과 설렘으로 가득 차 있다. 멋들어진 현대식 건물이 빼곡히 들어선 그곳, 아쇽을 죽인 발람이 찾아온 그곳은 바로 카르나타카 제1의 도시 벵갈루루다.

영화에는 크게 3개 지역이 등장한다. 영화의 초반부에는 인도에서 가장 빈곤한 지역인 북동부의 비하르 지역이 등장한다. 1인당 국민소득이 평균(약 2,400달러)의 3분의 1 수준(약 700달러)에 불과한 극심한 빈곤 지역이다. 폐병에 걸린 아버지가 제대로 치료도 못 받고 죽어간 곳, 영특하고 야망이 가득한 발람을 학교에서 중퇴시킨 후 돈을 벌어오라고 강요하는 억압적이고 보수적인 대가족이 살던 곳, 바로 '인도의 과거'를 상징하는 곳이다. 이런 곳을 떠나 발람은 젊은 아쇽 부부의 운전기사가 되어 수도인 뉴델리에 정착한다. 좀 더 정확히 말하자면 뉴델리 인근의 구르가온이라는 신도시다. 하지만 바람이 목격한 것은 정치인들에게 뇌물을 갖다 바치는 무패하고 무기력한 자신의 고용주였다. 부패와 이권 다툼이 가득한 뉴델리는 바로 '인도의 현재'를 상징하는 도시다. 발람이 인도의 무기력한 현재를 상징하는 아쇽을 죽인 후 도망쳐서 도착한 벵갈루루는 여러 가지 면에서 비하는 뉴델리와는 다르다. 젊고 활기찬 이 도시는 인도의 실리콘밸리라 불리는 정보통신산업의 중심지다. 인도 전체 스타트업 기업 10개 중 4개가 창업된다는 이 도시는 '인도의 미래'를 상징한다.

chapter . 5

벵갈루루 클러스터가
왜 우리들의 미래인가?

젊음과 미래의 도시 벵갈루루

벵갈루루는 인도의 실리콘밸리로 불리는 도시로 HP, Intel, IBM, 인포시스, Wipro 와 같은 세계적인 기업들을 포함한 IT 기업의 80%(2160개)가 있으며, 세계에서 4번째로 큰 IT 클러스터를 형성하고 있다. 벵갈루루의 성장세는 지난 25년간의 인구통계만 봐도 알 수 있다.

1991년 : 4,130,000명(+41.3%)

2001년 : 5,101,000명(+23.5%)

2011년 : 8,425,970명(+62.5%)

2025년 현재 1600~1,700만 명이다. 91년 기준 약 4배의 인구가 늘었다. 이런 속도라면 20년 뒤에는 약 3천만 명까지 늘어난다. 이렇게 벵갈루루의 인구가 폭발적으로 늘어났던 이유는 세계가 디지털화되면서 IT 수요가 폭발적으로 늘어났기 때문이다. 벵갈루루 내의 집중된 IT 전문 인력을 활용해 중소기업 소프트웨어 개발비용 절감을 위한 프로그램 제작 아웃소싱 및 센터가 운영되고, 인도 전체의 총 전자시장 수출률에서 33%가 벵갈루루에서 이뤄진다. 이뿐만 아니라 벵갈루루는 인도 항공우주산업의 수도 (Aviation Monopoly Capital)로서, 전 인도의 항공산업 개발 및 생산의 65%를 차지하고 있다. 항공산업의 중심인 HAL, ISRO 등 개발생산업체가 입지해 있다. 떠오르는 인도시장과 경제의 디지털화라는 두 가지 흐름의 공통 분모인 벵갈루루는 인도에서 살기 가장 좋은 도시 1위이기도 하다. 이러한 벵갈루루와 우리나라로 치면 인천인 첸나이 하고는 고속도로로 262킬로 거리다. 비행기로는 1시간 남짓이면 갈 수 있는 거리인데 아직 도로 인프라는 좋지 못하지만, 이 문제는 10년 안에 모두 해결될 수 있다. 가장 살기 좋은 도시 1위인 벵갈루루, 인도 최대 제조업 단지로 발돋움하는 살기 좋은 도시 순위 4위의 첸나이 이 두 도시가 서로 묶이면서 어마어마한 시너지가 나고 있다. 참고로 벵갈루루에는 기아차가 첸나이에는 현대차가 사이좋게 진출하고 있으며 삼성 SDS, LG CNS 같은 소프트웨어 관련 회사들은 개발 법인을 벵갈루루에 삼성가전 같은 제조업들은 첸나이에 진출했다. 세계적 인재로 유명한 인도공과대학은 첸나이에 있지만 주로 벵갈루루에 가서 취업하는 등 벵갈루루와 첸나이는 떼어내려야 떼어낼 수 없는 공생관계다.

왜 벵갈루루는
살기 좋은 도시 1위일까?

면적이 329만 제곱킬로미터로서 면적 기준으로는 전 세계에서 7번째로 큰 나라인 인도는 남북 길이는 3,214킬로미터이고 동서 길이는 2,933킬로미터에 이르는 거대한 나라다. 그러다 보니 다양하다는 말로는 부족할 정도로 엄청난 자연환경과 기후 환경을 보유하고 있다. 하지만 북부의 잠무카슈미르와 히마찰프라데시 지역(중국 접경 히말라야 지역) 등 일부 지역을 제외하고 1년 중 짧게는 6개월, 길게는 9개월 동안 매우 더운 날씨가 지속된다. 특히 남부 지역은 거의 1년 내내 무더위가 지속되는데 평균적으로 북부 지역보다 습도가 높은 편이다. 항상 선선한 날씨에서 살아오던 영국 출신 식민 지배자들이 남인도에 도착해서 느꼈을 충격이 짐작된다. 무더위를 피해 고산지대로 새로운 정착지를 찾아다니던 영국인들 눈에 띈 도시가 바로 벵갈루루(옛 이름은 벵갈로르)다. 지금은 인도의 미래를 상징하는 도시이며 인구 1,700만 명에 달하는 인도 5대 도시 중의 하나이다. 하지만 18세기 영국 식민지 시대 이전까지는 인도의 어디에나 존재하는 흔한 중소도시 중 하나였다. 남인도의 엄청난 무더위를 피해서 영국인들이 해발고도 920미터에 위치한 벵갈루루에 정착하기 시작하면서 본격적으로 도시가 발전한다. 매해 인도 정부는 살기 좋은 도시를 뽑는 설문 조사를 한다. 인구가 100만 명 이상 되는 대도시 중에서 거의 예외 없이 1위 자리를 차지하는 도시가 바로 벵갈루루다. 척박한 인도에서 살기 좋은 도시를 뽑는다는 것 자체가 도토리 키 재기라는 느낌이지만 그래도 꾸준하게 1등을 차지한다는 것은 여러 가지를 말해준다고 하겠다.

먼저 해발 900미터가 넘는 높이가 다른 남인도 도시보다 상대적으로 선선한 날씨를 제공한다는 점이 가장 크다. 게다가 다른 도시에 비해서 상대적으로 많은 정원과 나무들 덕분에 벵갈루루의 기온은 더 낮게 유지된다. 약 300킬로미터 떨어진 남인도의 또 다른 대표 도시인 첸나이(벵골만에 인접한 항구도시로 습도가 높다)와 연중 최고, 최저 기온을 비교한 그래프를 보면 벵갈루루가 얼마나 쾌적한 환경인지를 알 수 있다. 둘째, 벵갈루루에는 기본적으로 고학력이 젊은 층이 선호할 만한 일자리가 많다. 지금은 벵갈루루가 인도 IT의 중심으로 각인되어 있지만 이미 그 이전부터 인도의 방위 산업과 항공우주 산업의 중심지였다. 파키스탄이나 중국과 멀리 떨어져 안전하다고 여겨진 벵갈루루에 종업원 규모만 1만 명에 달하는 인도 제1의 국영 항공우주산업체인 HAL(Hindustan Aeronautics Limited)에 자리 잡은 것은 당연한 결과였다. 이 외에도 세계 굴지의 항공우주 산업체인 보잉, 에어버스, 굿리치, 다이나매틱스, 허니웰, GE 항공사업부 등이 벵갈루루에 연구개발센터 또는 엔지니어링센터를 오래전부터 운영해 왔다. 그 덕분에 벵갈루루 소재 항공우주 기업들은 인도 전체 항공우주 산업매출액의 약 3분의 2를 차지한다. IT 산업 또한 빼먹을 수 없다. 벵갈루루라는 도시 하나만으로도 인도 전체 IT 수출의 약 35퍼센트를 차지한다. 1991년 이후 인도 대부분이 벵갈루루를 본거지로 하고 있다. 인도 최초의 스타트업이라 할 수 있는 인포시스와 위프로의 뒤를 따라 많은 IT 기업이 벵갈루루에 정착했기 때문이다. 또한 구글, 페이스북, 마이크로소프트 등 해외 주요 IT 기업의 인도 내 네트워크도 이곳 벵갈루루에 자리를 잡고 있다. 이렇다 보니 인도 각지에서 우수한 성적으로 공과대학을 졸업한 똑똑한 인도 청년들이 너도나도 정착하고 싶어 하는 도시가 된 것이다.

남인도 도시들은
어떻게 살기 좋은 곳이 되었을까?

　기왕에 살기 좋은 도시 이야기가 나왔으니 좀 더 이야기를 나눠 보자. 인도 정부가 발표한 살기 좋은 도시 순위를 자세히 들여다보면 몇 가지 재미있는 특징이 발견된다. 첫째 러크나우(우타르프라데시 주도), 자이푸르(라자스탄 주도), 조드푸르, 칸푸르, 뉴델리 등 이른바 북인도의 주요 도시들은 단 한 곳도 10위 안에 들지 못했다. 가장 높은 순위는 13위를 차지한 뉴델리였다. 둘째, 인도에서 경제적으로 가장 발전한 지역이라 할 수 있는 마하라슈트라주, 타밀나두주, 구자라트주 등에는 소재하는 대도시가 10개 도시 순위의 대부분을 차지하고 있다. 인도 정부는 살기 좋은 도시 지수와 함께 각 도시의 행정 능력을 평가하는 지수(Municipal Performance Index)도 발표한다. 여기에서도 남인도 서너 개가 주가 두각을 나타냈고 북인도의 도시들은 전반적으로 낮은 점수를 얻었다. 그렇다면 어떠한 요인이 남인도 소재 도시들을 살기 좋은 도시로 만들었을까? 남인도는 어떠한 매력이 있는 것일까? 그것을 알기 위해서는 남인도를 대표하는 또 다른 주인 타밀나두를 살펴보아야 한다. 타밀나두는 남인도 제조업의 중심이다.

첸나이는 어떻게
인도의 디트로이트가 되었는가?

넓디넓은 인도 아대륙(sub-continent)을 한두 마디로 정의하기는 매우 어렵다. 하지만 아주 크게 나누었을 때 상대적으로 종교적 영향력이 약하고 경제적으로 풍요로운 남부 지역과 힌두 근본주의적 색채가 좀 더 강하고 경제적으로 빈곤한 중북부 지역으로 나누곤 한다. 남인도를 대표하는 6개 주를 북쪽에서부터 나열하면 마하라슈트라, 안드라프라데시, 고아(마하라슈트라와 카르나타카에 끼어 있는 꼬맹이 주), 카르나타카, 타밀나두, 케랄라다. 상대적으로 발달한 인프라, 안정적인 거버넌스 구조, 해외투자에 좀 더 친화적인 각종 제도 등 다른 지역과 비교하여 경제성장에 필요한 선결 조건을 갖추고 있다. 이 중에서 남인도를 대표하는 제조업의 중심은 타밀나두이다.

타밀나두의 중심도시는 영국 식민지 시절 마드라스라는 이름으로 불리던 첸나이로 현재는 인도 자동차 산업의 중심이다. 인도는 1년에 약 450만 대가 조금 넘는 차량을 생산하는데 중국, 미국, 일본, 한국에 이어 세계 5대 자동차 생산국이다. 전통적으로 인도의 자동차 산업은 뉴델리, 그 인근 지역, 마하라슈트라의 제2의 도시, 푸네

(Pune)를 중심으로 발전해 왔다. 하지만 제조업 육성이라는 목표를 세운 타밀나두 주정부가 해외 자동차 업계에 끈질기게 러브콜을 보내면서 1995년 미국의 포드가 외국계 자동차 기업으로는 처음으로 첸나이에 공장을 설립했고 인도 자동차 산업의 중심지로서 성장할 수 있는 밑거름이 되었다. 이로부터 제 2년이 지나지 않은 1997년 우리나라의 현대자동차도 첸나이에 진출하여 그 이듬해 공장 가동을 시작했고 2021년 7월 누적 생산 대수 1,000만 대를 돌파하는 등 지속적인 성장세 속에 인도 자동차 내수시장 2위의 자리를 굳건히 지키고 있다. 첸나이에는 현대자동차 이외에도 BMW, 르노-닛산, 미쓰비시 등 글로벌 자동차 기업의 완성차 공장 또는 부품 공장이 자리 잡고 있다. 이들 업체의 인간 생산능력을 다 합치면 약 140만 대에 이른다. 자동차 산업 육성을 위해 타밀나두 정부가 제공한 각종 인센티브뿐만 아니라 인도공과대학 마드라스 분교를 포함한 수준 높은 교육기관에서 교육받은 노동 인력, 첸나이 항구로 직접 연결되는 물류 경쟁력 또한 첸나이를 빠른 시일 내에 인도 자동차 산업의 중심지로 키우는 데 도움이 되었다. 타밀나두 주정부와 주민은 이제 자신들의 도시를 '인도의 디트로이트'라는 별명으로 부르며 자랑스러워하고 있다.

첸나이는 종교적으로 엄격한 색채를 띠는 전통을 쉽게 볼 수 있다.

물론 첸나이와 그 인근 지역에는 외국계 자동차 기업뿐만 아니라 아쇽 레이랜드 (Ashok Leyland)와 같은 인도 현지 상용차 제조업체의 생산 공장, 마힌드라&마힌드라의 연구개발센터, 로얄 엔필드(Royal Enfield) 와 야마하(Yamaha) 같은 모터사이클업체, 타이어 제조업체가 입주 하여 제조업 중심지로서 첸나이가 시너지 효과를 누리고 있다. 자동차 산업 외에 타 제조업 분야에서도 첸나이의 해외투자 유치 노력은 성과를 맺고 있다. 2022년 3월에는 우리나라의 삼성전자가 2,600억 원을 들여 냉장고용 컴프레서 제조공장을 짓기로 타밀나두 주정부와 합의하기도 했다.

타밀나두에 위치한 마을

타밀나두는 어떻게
국내총생산 2위가 되었는가?

탄탄한 제조업 기반, 다른 주에 비해서 높은 도시화 비율, 제조업 못지않게 발달한 농업 등 1차 산업 덕분에 타밀나두는 인도 전체를 통틀어 11위 수준인 면적과 6위에 불과한 인구 규모(약 7,200만 명·인도 전체의 5.9퍼센트)에도 불구하고 당당히 국내총 생산 규모로는 마하라슈트라에 이어 2위를 차지하고 있다. 3위를 차지한 우타르 프라 데시가 2억 명이 넘는 인구를 보유하고 있는 점을 고려하면 인구 규모가 우타르프라데 시의 3분의 1 정도인 타밀나두의 경제력은 상당한 수준이다. 인도 경제성장의 주요한 재원 중 하나인 해외직접투자 유입액 기준으로 살펴보아도 타밀나두는 선전하고 있다. 비록 유수 금융기관의 본점을 보유한 마하라슈트라, 세계 IT의 중심이라고 해도 과언 이 아닌 카르나타카, 북인도의 제조업 중심이자 현 나렌드라 모디 총리의 정치적 고향 인 구자라트, 인도 정치와 행정의 중심지인 델리에 비해 다소 밀리기는 하지만 꿋꿋하 게 해외직접투자 유치 순위 5위 내외를 유지하면서 해외자본을 끌어들이고 있다.

지금까지 인도 경제를 좌지우지하는 지역을 살펴보았다. 경제 규모와 외국인 해외 투자 유치 규모에서 부동의 1위를 지키고 있는 금융업의 중심지 마하라슈트라주, 인도 IT의 중심지인 카르나타카, 새롭게 떠오르는 북인도의 제조업 중심지 구자라트, 남인도의 숨겨진 강자 타밀나두는 다양한 인센티브와 투자 유치 전략을 통해 경제발전에 노력하고 있다. 이 중에서 우리가 가장 전략적으로 진출해야 할 곳은 카르나타카주의 주도인 벵갈루루와 타밀나두의 주도 첸나이, 그리고 살기 좋은 도시 2위로 선정된 푸네다. 그러나 한국 기업들 진출과 성장세를 봤을 때 벵갈루루만 한 곳이 없다.

지금 자녀가 초중등생이라면 벵갈루루의 남쪽에 위치한 TISB국제학교와 인더스 국제학교를 강력히 추천한다. TISB는 명문 중의 명문이라 입학이 쉽지 않다. 만약 입학 시험에서 떨어졌다면 인더스 국제학교에서 2~3년 공부하고 다시 도전하는 게 좋다. 인더스 국제학교는 기숙사 생활하는 학생들에게 휴대전화 관리를 비롯한 디지털 관리를 철저히 하고 승마를 비롯한 각종 체육활동을 적극적으로 지도한다. 두 학교 모두 시설 및 프로그램이 우수한데 학업 성취도에 있어서는 TISB가 조금 앞선다. TISB는 주로 고급 공무원 자녀들이 많이 다니고 인더스 국제학교는 사업하는 가정들이 많이 보내기 때문에 분위기도 TISB에 비해 많이 타이트하지 않다. 모두 기숙사가 있으며 반드시 기숙사 생활을 추천한다. 허허벌판에 위치해서 일탈행위를 절대 할 수 없으며 동료 집단 자체가 우수하기 때문에 자녀에게 엄청난 도움을 줄 수 있다. 영국계 학교라 방학이 3번 있는데 초창기 적응할 때는 학교가 워낙 시골에 위치해서 삭막할 수 있기 때문에 주말을 이용 시내에 있는 주말 기숙학교를 다니는 것도 좋은 방법의 하나가 될 수 있다.

벵갈루루에 위치한 TISB국제학교의 모습

인더스 국제학교의 모습

지금 고등학생 또는 지방대생이라면 2013년에 설립된 CMR 대학교를 적극 추천한다. 인도에서 가장 좋은 대학은 인도공과대학이다. 인도공과대학을 떨어진 친구들이 미국 MIT 공대를 갈 정도니까 그 수준이 어떤지 짐작이 갈 수 있다. 한국 학생들이 들어가기도 힘들지만 막상 들어가도 수업을 따라갈 수도 없다. CMR 대학교를 적극 추천하는 이유는 이 대학이 벵갈루루의 외진 곳에 있지 않고 시내와 가까워서다. 만약 참고 견디는 힘이 강한 애들이라면 인도까지 올 필요 없이 한국에서 승부를 볼 수 있을 것이다. 그나마 이렇게 시설이라도 좋아야 버틸 수 있다고 본다. 미국으로 유학을 가도 교수진의 절반이 인도인이다. 어떻게든 인도 커뮤니티에 들어가고 인도인들과 함께 사업도 하고 친분도 맺어야 앞길이 열릴 수 있다. 지방대 가서 허접한 친구들 사귀는 것보다 전망 있고 비전 있는 벵갈루루에서 같은 학비를 쓰더라도 값진 경험을 하는 게 중요하다고 본다.

CMR 대학교 내 위치한 Satellite Campus (이과과목 건물이라고 볼 수 있다.)

어떻게 인도에서
시작할 것인가?

일단 인도에서는 2개의 지역을 추천한다. 첫 번째는 가장 살기 좋은 도시인 벵갈루루와 두 번째 살기 좋은 도시 푸네다. 벵갈루루는 모든 비즈니스의 시작점이다. 예를 들어. KFC가 1호점을 벵갈루루에서 1호점을 성공적으로 런칭한 뒤에 전국으로 뻗어 나갔다. 그 이유는 가장 혁신적이고 미국적인 사람들이 가장 많이 살고 있는 도시가 벵갈루루다. 그 이유는 벵갈루루는 IT 도시이기 때문에 미국과 연관성을 떼어낼래야 뗄 수 없는 곳이다. 무려 IT 개발자가 350만 명이 살기 때문에 지적이고 혁신적인 인구가 인도에서 가장 많다. 따라서 벵갈루루를 공략한 뒤에 금융도시 푸네로 넘어가는 것이 좋다. 두 도시 모두를 포함하여 인도 전역은 한류 열풍에 휩싸였다. 일례로 우리가 벵갈루루 공항에 내리자마자 인도 사람들이 모여들어서 같이 사진 찍자고 할 정도로 한국 사람들의 인기는 드높다.

첸나이에서 벵갈루루 국내공항으로 들어올 때 인도인들이 같이 사진 찍자고 해서 찍은 사진

이 점은 첸나이 가서도 마찬가지였다. 세계적인 아날로그 출판사인 타라북스를 방문했을 때 길거리에 신발 안 신은 소녀의 언니 그 친구는 신발을 신고 있었지만, 우리 중고등학교 여학생들에게 사인을 요청했다. 그리고 나서는. 싸구려 공기계 휴대폰을 가져와서는 함께 사진을 찍어달라고 요청했다. 마침, 내가 셔터를 눌러줄 수 있어서 그 휴대폰이 얼마나 변변찮은지 알 수 있었다. 인도 어디를 가든 마찬가지였다. 젊거나 용모가 좀 괜찮은 친구들은 같이 사진 찍거나 아니면 사인을 요청받았다.

214

신발을 안신은 소녀와 그 옆의 언니가 들고 있는
종이는 우리 학생들한테서 받은 사인장이다

인도 소녀의 한국 사랑을 알 수 있었던 현장

　이러한 한류를 기반으로 인도에서 가장 유명한 3가지. 사업은 첫째 미용 사업이다.
만약 미용 기술이 있거나 여기에 관심 있으면 인도에 가서 사업하는 것이 좋다. 일단은
소득 수준이 받쳐주는 벵갈루루와 푸네로 가는 것이 좋다. 벵갈루루가 IT 도심에 반해
푸네는 금융업의 도시다. 푸네는 봄바이의 위성도시로서 벵갈루루에 더불어 고원지대
에 위치하기 때문에 기후가 좋아서 살기가 무척 좋다. 실제로 발리우드 스타라든지 세계
적인 재벌들은 모두 봄바이에 살고 있다. 또한 세계 500대 기업은 모두 진출해 있는 곳
이 바로 봄바이다. 한마디로 봄바이를 인도의 경제 수도라고 보면 된다. 어떻게 보면 델
리는 행정 도시일 뿐이다. 생각보다 치안도 좋지 못하고 생활 수준도 인도에서 멀리 떨
어진다. 또한 경제적으로는 그렇게 영향력이 많은 도시가 아니기 때문에 타지마할 묘당
을 갈 때 경유지 또는 출발지로서는 중요하지만, 그 외 중요하지 않다. 김정숙 여사의 논
란 때문에 유명하게 된 타지마할 묘당은 인도의 상징물이지만 굳이 방문할 필요는 없다.

정치적으로 논란이 되었던 김정숙여사의 타지마할 묘당 사진

사실 타지마할 묘당을 방문하지 않을 것이라면 굳이 델리는 갈 필요기 없다. 그 정도로, 경제적으로는 의미가 없다. 화이트 타이거 내용 중에 델리리는 전제이고 미래는 벵갈루루라고 말하는 것처럼 그저 과거의 무덤일 뿐이다. 이곳을 보기를 갈망한 김정숙 여사의 뇌 구조를 보고 싶을 정도로 젤리에서 6시간이나 떨어진 이곳을 굳이 방문해야 할까 하는 생각이 들었다. 그녀가 만약 미래의 리더였다면 벵갈루루 또는 푸네를 갔어야만 했다. 아모레 그룹이 중국 발전기 중 초창기의 가장 큰 수혜주였다면 인도도 마찬가지다. 앞으로 미용 관련은 어마어마한 수익을 가져다줄 수 있으며 특히 CMR 대학교에서 K뷰티 학과가 신설되면 한국 학생들도 지원할 필요가 있고 무척 성장이 기대되는 학과다. 앞으로 인도는 CMR 대학교를 비롯하여 지방 곳곳에 K뷰티 또는 미용학과가 설립될 것이다. 현재 샤넬의 CEO 인도인 것처럼 명품뿐만 아니라 미용 쪽에도 인도 국적에 미용사가 많이 배출될 것이다. 미용 산업과 더불어 유망한 사업은 바로 IT 산업이다. 전 세계 알티 인재들은 벵갈 노래에 모두 몰려 있다고 보면 된다. 삼성 SDS가 6,500명 LG 소프트가 3,500명을 고용하고 세계 100대 IT 기업들이 모두 다 들어와 있다.

명품 브랜드 샤넬의 첫 여성 인도계 최고경영자
리나 나이르

LG소프트가 입주한 벵갈루루 IT단지, 이곳에는 세
계적인 IT회사들이 모두 다 입주해 있다.

이런 세계적인 IT 대기업체뿐만 아니라 1차, 2차 협력 IT와의 관계 또는 IT 생태계
를 이해하면 IT 용업사업도 가능하다. 특히 첸나이에 있는 인도 공과대생들과 친해지
면 인력 파견 사업 또는 IT 인재 용역 사업 등 여러 가지. 사업을 할 수 있는 기반이 될
수 있다. 따라서 지금 아이들과 인도 공과대학생과 친분을 만들어 준다면 나중에 엄청
난 자산이 될 수 있다. 인도의 고등학교는 약 150만 개다. 여기서 뽑힌 수재 중의 수재
가 바로 인도공과대학이다. 인도공대를 떨어진 학생들이 다니는 곳이 바로 MIT공대일
정도로 실력과 명성이 인도 내에서 가장 높다. 원래 MIT공대를 모방해서 만들었지만
인재의 질과 교육의 수준이 MIT공대를 뛰어넘은 지 오래되었다, 세계적인 빅테크기업
의 CEO들은 이 인도공대를 거쳐 와튼 경영학교를 졸업해서 기업경영을 배운 사람들이
다. 미국의 와튼 스쿨은 트럼프를 비롯해서 일론 머스크도 이 와튼 경영학교 출신이다.

첸나이에 있는 인도공과대학정문 앞에서 인대공과대학생인 아질란과 함께 찍은 사진
아질란은 초6학년 때 150만명중에서 50명에 선출된 영재출신이다

　　내가 인생에서 가장 후회하는 점은 인도 내에 국제학교를 알기 전에 말레이 국제학교를 소개한 것이다. 이 자리를 빌려서 다시 한번 죄송스럽다는 말씀을 전하고 싶다. 그 이유는 영어는 미국 영어, 미국 영어도 여러 가지가 있다. 미국 뉴욕의 브루클린 엑센트 영어가 표준 발음이다, 영국 영어 잘하고 말레이 영어. 다르고 필리핀 영어. 다르고 인도 영어가 다르다. 모두 발음과 엑센트에 있어서 차이가 있다. 영어 하나 제대로 배우기 위해서 국제학교를 가는데 말레이 국제학교를 나오면 말레이 영어를 배우고 또한 졸업해서 갈 길이 없다. 말레이는 최근 현대차가 공장을 세우기로 했지만 한국 기업들이 거의 진출하지 않은 곳이다. 그리고 앞으로 진출할 기회도 별로 없다. 그냥 영어 하나 배우고 생활환경의 인프라가 좋다는 점인데 취업에는 별 도움이 안 된다. 대학을 가는 이유는 좋은 직장을 잡기 위해서고, 좋은 대학을 가기 위해서는 좋은 고등학교를 가는 것이 상식이다. 말레이 국제학교는 영어. 하나 배운다는 것밖에 없다. 그리고 말레이가 60% 중

국 애들이 30% 프로 기타 10%로 아이들에게 큰 도움이 될 수 있는 애들이 아니다. 그러나 인도 국제학교는 가정 평균 소득이 500만 원 내외이기 때문에 식사 비용까지 약 2,500만 원 이상 필요한 국제학교에 다니는 인도인들은 모두 다 상류층들이다. 앞으로 미래는 인도라는 것에는 누구나 다. 인정한다. 그리고 미국으로 대학을 가더라도 교수진의 40~50%는 인도인들이다. 따라서 아이들이 청소년 시기에 인도인 네트워크로 들어가서 커뮤니티에 편입되는 것이 무척 중요하다. 따라서 애들한테는 미래가 있는 인도국제학교로 가서 인도 영어도 배우고 인도인들의 네트워크로 들어가야 한다. 이 인도인들의 네트워크로 들어가서 인도 인재들을 활용해야 한다. 그중 대표적인 것이 바로 IT와 항공 우주 인력이다. 그리고 이 IT와 항공우주산업의 메카는 바로 벵갈루루다.

인더스국제학교에서 재학생들과 함께 졸업반인 두명은 홍콩과기대와 파슨스스쿨에 붙었고
가운데 교복을 입은 친구인 9학년 오정훈은 2년전 혼자 와서 풀보딩을 하는 유일한 한국인이다.

한국인들과 중국인들이 맞붙으면 한국인들이 깨진다. 개인적으로는 우수하지만, 협력이 안 이루어지기 때문이다. "사촌이 땅을 사면 배가 아프다"라는 속담은 전 세계적으로 한국만 있는 속담이다. 캐나다를 망친 민족이 중국인과 인도인이라고 할 정도로 두 민족은 잘 뭉친다. 캐나다 부동산을 올려놓고 담합한 민족은 중국인이고 캐나다 편의점을 다 장악한 건 인도인인데 알바생도 인도인만 뽑을 정도로 잘 뭉친다. 이에 반해 잘나가는 한국인을 다시 끌어내리는 건 같은 한국인이다. 따라서 우리는 화교들이 모든 상권을 잡고 있는 곳은 적극적으로 피해야 한다. 이러한 문제로 인해 현재 중국 화교들이 경제권을 잡고 있는 말레이시아, 필리핀, 태국, 인도네시아에서는 한국인들이 기껏해야 소규모 자영업이나 식당밖에 할 게 없다. 왜냐하면 화교들이 모든 상권을 장악하고 화교가 아닌 이민족에게 문을 열지 않기 때문이다. 특히 쇼핑몰 같은 경우는 모두 중국 자본이라고 보면 틀림없다. 따라서 우리 애가 말레이시아에서 뭔가를 해 먹을 수 있다! 경제적으로 성장할 수 있다!. 이것은 한마디로 넌센스다. 인도의 제 1의 적대 국가는 바로 파키스탄이고 제 2의 적대 국가는 중국이다. 이 두 나라는 비자 발급부터 어려움을 겪는다. 따라서 중국인들이 진출하기 힘든 인도야말로 우리 애들한테는 꿈의 세계가 된다. 그래서 삼성 갤럭시가 1등을 하고 현대 기아차가 인도 시장에서 2위를 하고 있다.

가장 유망적인 미용과 IT 산업과 더불어 세 번째는 바로 서비스 및 서비스와 관련된 소비재다. 인도는 편의점이 거의 없다시피 할 정도로 서비스업이라는 것이 부재한 나라다. 만약 한국식 서비스를 무장하고 다양한 업종에 진출한다면 인도 내에서는 경쟁상대를 찾아보기 힘들다. 따라서 한국 학생들이 CMR 대학에 K뷰티 학과나 미용학과로 진학하여 현지 인도인들과 협업하여 미용 산업 및 서비스 산업에 진출한다면 성공할 가능성이 무척 크다. 우리는 인도에 대해 무지에서 오는 막연한 멸시와 두려움을 갖고 있다. 그러나 인도에서 가장 살기 좋은 도시 1위인 벵갈루루와 2위인 푸네를 중심으로 접근한다면 또 다른 세계가 열릴 수 있다. 천국에서 지옥까지 다 있는 인도! 우리나라 1960년대부터 2025년도까지 함께 존재하는 공간이 바로 인도이다. 이 공존의 세계인 인도에서 우리가 1960년대를 볼 것인가? 아니면 2025년을 볼 것인가? 어떤 선택을 하냐에 따라 우리와 우리 자녀들의 인생이 걸려있다.

———

에필로그

이 책은 어떻게 살아가야 할지를 자본주의 성공자들로부터 배울 수 있는 전략서이자 전술서다. 우리는 뉴욕을 기반으로 인도와 동남아를 공략해야 한다. 전 세계 1위 시장인 중국은 하루가 다르게 성장하는 기술력으로 수출시장에서 수입시장으로 바뀌었다. 이제 남은 시장은 세계 3위 시장인 인도와 5위 시장인 동남아다. 4위 시장인 유럽은 쇠퇴에 가속도가 붙었고, 우리 아이들이 사회에 진출하는 2040년대에는 1위 중국, 2위 미국, 3위 인도, 4위 동남아, 5위 유럽으로 변경된다. 다행히도 인도와 중국은 국경 분쟁으로 인해 국민감정이 좋지 않다. 그 덕분에 현대차와 삼성 휴대전화가 인도에서 질주 중이다. 우리도 이 붐을 타야 한다. 그러기 위해서는 뉴욕에서 배워야 하고 뉴욕을 만든 사람들로부터 행동전략을 배우고 익혀야 한다. 앞으로는 인도밖에 없다는 긍정론도 있지만 절대 인도는 중국을 뛰어넘을 수 없다는 비관론이 상존한다. 어떻게 한 나라를 두고 정반대의 견해가 있을 수 있을까? 그 이유는 인도가 극단과 극단을 달리기 때문이다. 똑똑한 인재도 엄청 많지만, 문맹률로 대변되는 무식한 사람들도 엄청나게 많다. 한쪽에서는 부의 상징인 대형 쇼핑몰이 세워지지만, 다른 한쪽은 식수와 주거 문제도 해결 못 한 절대 빈곤층들이 널려져 있다. 중산층 이상이 거주하고 있는 일부 지역을 벗어나면 한마디로 지옥도를 보는 거 같고 도로포장과 같은 인프라를 비롯하여 상류층 거주 지역은 전혀 다른 세계, 즉 천국이 펼쳐진다. 지금 우리에게는 선택의 여지가 없다. 전 세계 가장 큰 중국 시장에서 시장을 잃었기 때문에 극한 경쟁의 미국 시장, 다행히 중국과 견원지간이기 때문에 그나마 시장을 비집고 들어갈 수 있는 떠오르는 인도시장, 모든 전 세계 디지털 하청공장이 몰려 있는 벵갈루루! 아무런 무기도 없이 진출했다가는 시행착오만 겪을 것이 뻔하다. 지금의 뉴욕을 만든 사람들 그리고 지금의 뉴욕에 의미를 부여했던 아티스트들의 전략을 모방하고 선별하여 우리 삶에 활용해야 한다. 결국은 어떻게 연결하느냐에 달려 있다. 지금 전 세계를 움직이는 자본주의 뜨거운 두 개의 심장, 뉴욕과 벵갈루루! 이 두 곳을 연결해야 우리의 미래가 펼쳐진다. 핵심은 허브와 연결이고 믹스를 통한 브랜드를 만드는 것이다. 브랜드를 만들어야 생존과 성장과 성공이 가능하다. 아무쪼록 이 책을 통해 개인 브랜드를 만들었으면 한다.

우리는 무라카미 다카시, 카우스, 쿠사마 야요이로부터 성공 요인들을 배워야 한다. 그들도 마찬가지로 앤디 워홀로부터 많은 부분을 배우고 베꼈다. 그들은 게임의 법칙부터 숙지했다. 특히 무라카미 다카시 같은 경우는 서양에서 통할 미술을 찾기 위해 박사학위까지 취득하면서 방법을 찾았다. 그리고 자신만의 아이템, 즉 뉴욕에서 통할 아이템을 찾았다. 마찬가지로 우리는 벵갈루루에서 통할 아이템을 찾아야 한다. 그리고 거기다가 그럴싸한 명분은 필수다. 대외적으로는 명분을 앞세우고 속으로는 철저한 상업성을 추구해야 한다. 이를 위해서 콜라보, 협업은 필수다. 전통적인 방법으로 성공한 사람들, 밴더빌트, 록펠러, 앤드루 카네기 등으로부터 배워야 할 점과 새로운 유형의 변종 성공가들인 트럼프와 일론 머스크, 그리고 예술로 돈벌이하는 아티스트들까지 어떻게 하면 내 삶에 적용하고 승화시킬까를 항상 생각해야 한다. 바로 이 점이 현시대를 살아가는 우리들의 성공 공식이자 방정식이다. 지식이 아닌 살아있는 지혜! 뉴욕에서 배워서 벵갈루루에서 꽃 피워야 한다. 이 책에 나와 있는 모든 성공한 사람들의 공통점은 바로 모방-연결-재창조다. 우리도 이 성공 공식을 가지고 멋지게 성장해 보자!

자본주의의 심장 뉴욕과 벵갈루루를 거닐다

1판 1쇄 펴낸날 2025년 3월 24일

지은이 | 이승훈·구수빈
펴낸곳 | 지음과깃듬
책임편집 | 김정웅
디자인 | 이채원
전화 | 070-7643-7272
팩스 | 02-6499-0595
전자우편 | jngpublish@daum.net

ISBN | 979-11-93110-55-3 03320